季節の野菜でかんたんおつまみ

と果物

はじめに

季節を愛でることが好きです。
旬に寄り添うことが日々の喜びです。
四季のある日本を誇りに思います。

季節の野菜や果物の本質を捉えて活かし、いかにおいしく、美しくお料理してあげられるか。
それが私の料理哲学です。そして、やってきた季節を祝福するように、
家族や大切なお友だちと食卓で共有すること。
それを簡単に実現できるのがおつまみの魅力ですよね！

京都の実家では、季節ごとに家族が集まり、宴を開くことが一年の楽しみです。
長テーブルには、旬のお野菜でささっと作られた色とりどりのおつまみがずらりと並び、
それは壮観なものです。食卓に並ぶおつまみたちは、お肉や油物ではなく、
旬の野菜と果物を、その日の気分で臨機応変にちゃちゃっと手を加えただけのものです。
ですが、あっさりしたものを好む祖父母はもちろんのこと、お酒が大好きな大人たち、
育ち盛りの子ども、誰もが喜んで食卓を囲んでいる光景がそこにはあります。
それには、家族の健康を考える心配りに加え、
旬を愛で、満足のいくひと皿にする知恵と工夫が詰まっています。
「若い人がお見えやし、おなすを揚げ煮したら、食べ応えがあって喜ばはるな」
「今日はおみそ仕立てにして温まってもらいましょか」
お台所では母や伯母がとても楽しそうに、まるで魔法のように次々とお料理を作り出していき、
みんなはそのお料理に笑顔で舌鼓を打つのです。
その日の顔ぶれや天候、お野菜の状態などを見て、くるくると変わるお献立の面白さといったら。
そしてその台所姿はなんて幸福なんでしょう。

おつまみを作る時って、決まって楽しく、なんだかワクワクするものですよね。

だとしたら、お酒が大好きな人にとってラッキーフードではありませんか。

この本の料理は、まさしくそのように、冷蔵庫にある野菜と果物でささっと作ってみました。

どうぞこの本の季節に合ったページを開けて眺めてみてください。
写真を見て、食材の組み合わせからヒントを得るだけでもいいですし、
好みで薄口しょうゆを濃口しょうゆに変えてみるだけで、新しいレシピの誕生です。
気分で仕上げにレモンを絞ったり、薬味をかければ、あなたのオリジナルのおつまみが完成します。

そう、野菜や果物のおつまみって、作る人の好みや合わせるお酒、その時の状況、
もちろん飲む相手によって、自在にアレンジできる懐の深さがあります。

つまり味はこうでないという決まりや、書いてある食材や調味料にとらわれなくていいんです。

作り方や分量はあくまでも参考程度に。

難しく考えず、ザックリとこのレシピに目を通して、あとはお酒の酔いに任せて作るだけ。

案外こんなノリで作る方が、酔いも覚めるほどの感動的なひと皿が作れたりするものです。

簡単に生み出せる魔法は、もしかしたらお酒がかけてくれるのかもしれませんね。

この本が、お酒大好き、食べるのも大好きな人にとって、
ほかにはないおつまみを生み出すヒントになったらこんなに嬉しいことはありません。

新緑が清々しく冷えたシャンパーニュがほしくなる季節に。

小平泰子

春

夏

秋

冬

column
酒呑み春秋。

本書のルールとご提案

- 小さじ1＝5㎖、大さじ1＝15㎖です。
- 1カップ＝200㎖です。
- フライパンはフッ素樹脂加工のものを使用しています。それ以外のフライパンを使う場合は必要に応じて油の量を増やすなど、調整してください。
- フードプロセッサーがなければ、ハンドブレンダーやミキサーなどで代用してもいいでしょう。
- 特に記載がない場合、火加減は「中火」が基本です。
- 特に記載がない場合、ゆでる時は熱湯が基本です。たっぷりの湯量でゆでてください。ほうれん草や春菊などアクの強い葉物野菜はゆでたあと水にさらしてください。
- 「じゃがいも」はお好みの品種のものでいろいろとお試しください。
- 「菊菜」と「春菊」は品種が少し異なりますが、代用して構いません。おもに西日本では「菊菜」、東日本では「春菊」が流通しています。「春菊」は茎が太く硬いので、気になる方は葉と茎部分を分け、茎を細かく切るなど工夫してください。
- 「しょうが」は特に記載がない場合、皮をむいてお使いください。「1かけ」は親指の先ぐらいの大きさで約15g、すりおろすと大さじ1の分量です。
- 「豆乳ヨーグルト」は、なければ無糖ヨーグルトで代用してください。
- すりわさびや練りからしは、市販のチューブ入りの「わさび」「からし」でもよいでしょう。また、「実山椒」も市販の水煮の瓶詰めのもので充分です。
- 「赤とうがらし」はヘタと種を取ってお使いください。
- 「いりごま」「ねりごま」は白ごまのものを基本としています。いりごまは、使う時に乾煎りしてから使うと風味が良くなります。
- 「酒」は料理酒ではなく、飲んでおいしい日本酒を使うことをおすすめします。
- 「黒こしょう」はミルで挽きたてのものを使うとおいしいです。
- 「片栗粉」は、あれば葛粉を使うことをおすすめします。
- 「太白ごま油」と記載している場合、香りのないごま油を、「ごま油」と記載している場合、「太香ごま油」など香りがする一般的なごま油をお使いください。
- 「揚げ油」は特に記載がない場合、サラダ油を使います。

だしについて

私のおつまみは、おだしをたっぷり使ったものがたくさん登場します。おいしいおだしがひけたなら、あとはしょうゆをエッセンスのように落として香りを付け、塩で味を引き締める程度で充分です。旨みのおかげで調味料をうんと控えることができ、その分、野菜のおいしさを素直に堪能できます。何より、おだしの芳しい香りだけでお酒がいくらでも飲めそうですし、滋味深さをしみじみと味わいたいものです。冷めたら、容器に入れて冷蔵庫で4日ほどで使い切ってください。

◎簡単なだしのひき方

鍋に水1ℓと昆布15g程度を入れ、30分ほど置く。昆布がやわらかく戻ったら中火に近い弱火にかける。鍋肌に細かい気泡が出てきたら昆布を引き上げ、沸騰したら火を止め、かつお節20gを入れ、菜箸などでくるりと混ぜ、かつお節を静かに沈める。2〜3分経ったら、ペーパータオルを敷いたざるやネルなどで漉す。

食材と調味料のこと

自分の体が喜ぶ塩、上質で新鮮な油、吟味した和と洋のスパイス、季節の香りが漂う薬味、コクとまろやかさに豆乳ヨーグルト…、調味料をうまく使い分けることで、お肉に頼らなくても十分な、いえ、それ以上に満足のいくおつまみができ上がります。

調味料の役目は、味付けすることだけにありません。ここに1本の、ねっちりと甘い焼きいもがあったとしましょう。あなたはそれを、こってりと濃厚な煮汁でグツグツと煮ようとするでしょうか。きっと、甘みを引き立てるために、ひとつまみの塩をかけるくらいではないでしょうか。本来お料理とはそのようにとてもシンプルなものです。調味料の効能を理解し、素材と

の相性を知ることで、お料理は驚くほどに魅力が増します。調味料に頼りすぎるのではなく、野菜がおいしくなるよう味方に付けるのです。

「塩」は味の指針となるもの。料理全体の味を引き締めたり、色彩を生かして調味する際に用いたり、余分な水気を出して味を濃くしたり、甘みを引き立てたりと、なくてはならない調味料です。私は能登の角花の塩を使っています。

「砂糖」はここでは甘みのやわらかいてんさい糖を使い、素材本来の甘みを引き出す程度に用います。

「しょうゆ」は薄口と濃口を使い分け、基本的にはだしの効いたものに薄口しょうゆを香り付け程度たらし、濃口しょうゆは香ばしさを生かして食欲を増進させるために効果的に用いると、しょうゆ料理も単調にならず、一品一品にメリハリが生まれます。

そうそう、「ごま油」も二種使い分けしています。焙煎した香ばしさをまとわせたい時には太香ごま油。太白ごま油はサラダ油の代わりとして。

「豆乳ヨーグルト」は酸味が穏やかで、野菜のおいしさを汚すことがありません。乳製品顔負けのまったりとした味わいは、ポテトサラダのマヨネーズの代わりにしたり、野菜をこれひとつで煮てコク付けにと大活躍します。

米でできた「千鳥酢」は我が家の定番ですが、オーガニックのホワイトバルサミコも、丸い甘みと穏やかな酸味を加えたい時に欠かせません。

もう一つ、覚えておきたいのは、味覚というのは香りもおいしさを左右する要となるもの。「わさび」「七味とうがらし」「山椒」などの香辛料だけでなく、「しょうゆ」も香り付けとして用います。素材の魅力や長所を見定め、良さを活かす気持ちで調味料と向き合ってください。

器の楽しみ

よく、器をたくさん持ってるように言われるのですが、いえいえ、よ〜く見てください。この本の中には同じ器がいくつも登場しますよ。実は、お気に入りの器たちを、小さな食器棚に収まるほどの量で使いまわしているんです。

花器にお花を生けるように、あらゆる料理を自由に盛り付けて楽しんでいるので、器が違った表情を持ち、別のものに見えるようです。一つのお皿で和え物、煮物、汁物までと、器の多様性を見付けて、心置きなく盛り付け、使う喜びを見出せたら、お料理がもっと楽しくなりますよね。

作ることも大好きですが、でき上がったものをお気に入りの器に盛り付けるこの瞬間がたまらなく好きですし、大切な儀式みたいなもの。せっかく丁寧に作ったんですもの、おいしく食べてもらってねという気持ちで盛り付けてあげたいですよね。

器を選ぶときのポイントは、あくまでもお料理が主役なわけですから、器に盛り付けた時に、ライトが当たったようにお料理がパッと引き立つようなものを。花器がお花の舞台だとしたら、器がお料理の舞台です。いい器というか、頻繁に使いたくなる器って、自己主張しすぎることなく、お料理をスポッと受け入れる度量を持っています。

お店で器と目が会った見た時に、盛り付けたいお料理がパッといくつか浮かんだら、それは私にとって「買い」の指令。逆に、すごくデザインは気に入ったけれど、実際何を盛り付けていいのかアイデアが浮かばないお皿ってあるんですよね。だいたいそういうお皿は、お料理が負けている感じがします。

手始めに、手にすっぽり収まる大きさの、白地でぽってりと丸みのあるかたちを選んでみて（例P17・39など）。それをあれこれ盛り付けていくうちに、「もう少しリムのある方が私のお料理が映えるわ」だとか、「絵付けのものがしっくり落ち着くな」と、色々見えてきますよ。ぜひこの方法で試してみてください。

今冷蔵庫にある野菜で
スーパーマーケットでお値打ちだった野菜で
ささっと作ってさあ飲みましょう!

アスパラソバージュとトマトの卵焼き

卵は半熟状をいただきたいので、下準備と手際の良さが大事。
終始強火で一気に炒めてくださいね。
トマトはやや硬めのものを選ぶと崩れません。お弁当にも!

〈材料〉2人分

- アスパラソバージュ 約10～15本(さっとゆでる)
- トマト 1個(一口大に切る)
- 溶き卵 2個分

A(混ぜ合わせる)
- だし 大さじ3
- 薄口しょうゆ 小さじ1／2
- 塩 ひとつまみ
- 片栗粉 小さじ1

- 塩 適量
- オリーブ油 大さじ2

1 溶き卵にAを加えて混ぜる。

2 フライパンにオリーブ油を熱し、アスパラソバージュとトマトをさっと炒め、塩を振り、端に寄せる。

3 空いたところに1を注いでよく混ぜ、卵が半熟状になったらアスパラソバージュとトマトを混ぜ、器に盛る。

〈こんなお酒と〉
赤ワイン(ガメイ)、白ワイン(リースリング)

アスパラガスの肉巻き

山椒の鮮烈な辛みと清々しい香りが、アスパラの良さを
グッと底上げしてくれます。小指ぐらいの太さのものを
少し大きめの肉で厚めに巻くと、ボリュームあるおつまみに。

〈材料〉作りやすい分量

- グリーンアスパラガス 6本(ゆでて半分の長さに切る)
- 牛ロース肉 しゃぶしゃぶ用 大きめのものを4枚ほど
- 塩 適量(下味用)
- 塩、粉山椒 各適量
- オリーブ油 大さじ1

1 牛肉に軽く塩を振ってアスパラガスを置き、きっちりと巻く。

2 オリーブ油を熱したフライパンに閉じ口を下にして置き、ふたをし、時々転がしながら焼く。

3 一口大に切り、器に盛り、好みで塩・粉山椒を振る。

〈こんなお酒と〉
常温の赤ワイン(若いカベルネ・ソーヴィニヨン)

ゆでアスパラガスのミモザ風

ソースにほたてやえびなどを
混ぜ込んでもgood!
マヨネーズの代わりとしてご活用を。
華やかさが出てお皿が映えますよ。

〈材料〉4人分
- グリーンアスパラガス 1束
- ゆで卵 2個
- イタリアンパセリ 適量
（みじん切り）

A
- オリーブ油 大さじ4
- レモン果汁 1/4個分
- にんにく 1片
（すりおろし）
- 塩、黒こしょう 各適量

1 アスパラガスはさっとゆで、皿に盛る。

2 ゆで卵は1個分の黄身を残し、それ以外を包丁で粗くみじん切りにし、ボウルに入れ、**A**を入れてよく混ぜ、**1**にかける。

3 残りの黄身を手でほぐして**2**の上にかけ、イタリアンパセリをふりかける。

〈こんなお酒と〉
白ワイン（リースリング）

いちごと七草のサラダ

七草を春らしいサラダにしてみました。
クレソンやラディッシュなどでもOKです。
ほろ苦いチコリも入れて、ヘルシーに!

〈材料〉2人分
・いちご 5粒
（ヘタを取り、半分に切る）
・春の七草 1パック
（適当な長さに切る）
・チコリ 1株（一口大に切る）
A
・オリーブ油
大さじ1と1／2
・パルミジャーノ・レッジャーノチーズ（薄切り）、バルサミコ酢、黒こしょう 各適量

1 ボウルにすべての材料とAを入れ、やさしく混ぜ、皿に盛る。お好みでさらにバルサミコ酢と黒こしょうをかける。

〈こんなお酒と〉
ロゼワイン、白ワイン（ソーヴィニヨン・ブラン）

いちごのしょうがすだちマリネ

おろししょうがとオイルのおかげで
お酒のおともに大変身します。
生ハムの塩気が塩の代わりです。
木の芽がなければ黒こしょうでも。

〈材料〉2人分

- いちご 5粒（ヘタを取り、大きければ食べやすい大きさに切る）
- すだち 1個
- 生ハム 適量（薄切り、飾り用）
- 木の芽 適量

A

- 太白ごま油 小さじ1
- しょうが 1／2かけ（すりおろし）
- すだち果汁 1個分

1 ボウルにいちごと**A**を入れてやさしく混ぜ、冷蔵庫で冷やす。

2 皿にすだち、生ハムを置き、**1**を盛り、木の芽を飾る。

〈こんなお酒と〉
ロゼのシャンパーニュ、オレンジワイン（甲州）

クレソンとひじき煮の和えもの

ひじき煮や切り干し大根などの惣菜が余ったら、こんなサラダに
リメイクすると、食べ飽きず、違ったおいしさを再発見できますよ!
生野菜と惣菜の仲を取り持つのがオイル。ごま油、えごま油でも。

〈材料〉作りやすい分量
・鶏むね ひき肉 100g
・クレソン 2束（3等分に切る）
・乾燥ひじき 20g
（水で戻し、ザルに上げる）
・しょうが 1かけ
（みじん切り）
・レモン 1／4個
A
・だし 300㎖
・砂糖 大さじ3
・濃口しょうゆ 大さじ2
・みりん 大さじ1
・オリーブ油 大さじ1

1 鍋にオリーブ油を熱し、鶏肉を入れ、そぼろ状になったら、ひじきとしょうがを入れる。

2 油が回ったら**A**を入れて、ときどき木べらなどで混ぜながら10分煮て火を止める。

3 ボウルにクレソンと**1**（適量）、好みでさらにオリーブ油を適量（分量外）回しかけ、レモンを絞り、やさしく混ぜる。

〈こんなお酒と〉
白ワイン（コルテーゼ）、スパークリングワイン（白シャンパーニュ）

クレソンとうるいのおひたしとホタルイカのオイル漬け

おひたしに、オイル漬けを合わせるとちょっと気の利いたおつまみに。
クレソンとうるいはシャキシャキに仕上げたいので、
余熱で火を通して。オイル漬けはサラダの具として…と、大活躍!

〈材料〉2人分
・クレソン 2束（3等分に切る）
・うるい 1束
（3㎝の長さに切る）
・ほたるいか（ボイル）10個
A
・だし 200㎖
・薄口しょうゆ、みりん
各小さじ1
・塩 小さじ1／4
B
・オリーブ油 200㎖
・にんにく 1片
（みじん切り）
・赤とうがらし 1／2本

1 鍋に**A**を入れて火にかけ、沸騰したら火を止める。クレソンとうるいを入れ、すぐにバットに煮汁ごと移して冷ます。

2 フライパンに**B**を入れて火にかけ、にんにくの香りが立ったらほたるいかを入れ、すぐに火を止めて冷ます。

3 器に**1**を盛り、ほたるいかを添え、**1**の汁を回しかける。

〈こんなお酒と〉
スパークリングワイン（シャンパーニュ）、赤ワイン（メルロー、ヤマ・ソーヴィニヨン）、冷酒

牛肉とクレソンのしゃぶしゃぶ

かごいっぱいのクレソンが我が家に届いたら、
間違いなくこのしゃぶしゃぶに！ 冷めてもおいしいので、
翌日はオリーブ油をたっぷりかけ、
黒こしょうを振って、おひたし風にしても。

〈材料〉2人分
・牛ロース肉 しゃぶしゃぶ用 100g
・クレソン 2束（3cmの長さに切る）
・すだち果汁 適量（レモンやライムでも）
A
・だし 400mℓ
・薄口しょうゆ 小さじ2
・酒 小さじ2

1 鍋にAを入れて火にかけ、沸騰したら牛肉を入れる。
2 ロゼ色になったらクレソンを入れてすぐに火を止め、器に盛り、汁を張り、すだちを絞る。

〈こんなお酒と〉
赤ワイン（マスカット・ベリーA）
ロゼワイン

絹さやのサラダ

パリパリッ！ と響き渡るほどの歯ごたえと目を見張る鮮やかな緑、
それがこのサラダの持ち味。少しだけ硬いうちに引き上げ、水には
さらさず、食べる頃にベストの火の通り具合になるのを目指して！

〈材料〉2人分
・絹さや 20枚ほど（筋を取り、ヘタを切って、ゆでる）
・オリーブ油、パルミジャーノレッジャーノチーズ（削る）、黒こしょう 各適量

1 器に絹さやを盛り、熱いうちにオリーブ油、パルミジャーノ、黒こしょうをかける。

〈こんなお酒と〉
赤ワイン（若いピノ・ノワール）、白ワイン（ナイアガラ）

菜の花といかのわさびすだち添え

菜の花はからし和えだけにあらず！ ほろ苦さがわさびの香りとも
と〜っても合うんですよ。味付けは淡く、淡〜く薄口で。
いか以外に赤貝など春の魚介と一緒にいただくのもいいですね。

〈材料〉2人分
・菜の花 6本（さっとゆで、水気を絞る）
・いかげそ（ボイル） 4本
A（混ぜ合わせる）
・だし 大さじ2
・すだち果汁 1個分
・薄口しょうゆ 小さじ1
・わさび、いりごま、結晶塩 各適量

1 器に菜の花、いかの順に盛り、1をかけ、わさび、いりごま、結晶塩を添える。

〈こんなお酒と〉
冷酒、白ワイン（ソーヴィニヨン・ブラン、甲州、リースリング）、スコッチウイスキー（シングルモルト）のソーダ割り（すだちを絞る）

そら豆の揚げ出し豆腐

薄口しょうゆで仕上げる、あっさりさっぱりな天つゆです。
この場合は断然絹ごし豆腐で。
天つゆは多めに作ってドレッシング代わりに使ったり、
温野菜にかけたりして使えますよ。

〈材料〉2人分

- 絹ごし豆腐 150g（一口大に切り、ペーパータオルで水気を取る）
- そら豆 8粒（2分ほどゆで、薄皮をむく）

A
- だし200ml
- 薄口しょうゆ、みりん 各大さじ1

B
- 大根おろし 1／2カップ分
- しょうが 適量（すりおろし）

- 片栗粉、揚げ油 各適量

1 豆腐に片栗粉をまぶし、揚げ油でカラリと揚げ、そら豆とともに器に盛る。

2 鍋に**A**を入れて沸騰したら火を止め、**B**を入れて混ぜ、**1**にかける。

〈こんなお酒と〉
シェリー（オロロソ）、白ワイン（甲州）

はまぐりとうすいえんどうの蒸しもの

はまぐりの旨みとうすいえんどうの香りはまさに出合いもの。あさりでもおいしいですよ。冷めると豆にシワが寄るので、熱いうちにどうぞ。

〈材料〉2人分
- うすいえんどう 1／2カップ分（さやから出す）
- はまぐり 6個（砂抜きしたもの）
- 水 400㎖
- 酒 大さじ2
- 塩 適量

1 鍋にうすいえんどうと水を入れて火にかける。沸騰したら火を弱め、10分煮る。

2 はまぐりと酒を加えてふたをし、はまぐりの口が開くまで蒸し煮にし、好みで塩を加える。

〈こんなお酒と〉
赤ワイン（カベルネ・フラン）、白ワイン（ビアンコレッラ、シャルドネ）

そら豆の白みそ漬け

ゆでて漬けるだけ! 3日目からが食べ頃です。漬かり具合によってみそを少量添えてもていねいですね。ペーパータオルに包むことでみそを拭いたり洗ったりする必要がありません。

〈材料〉2人分
- そら豆 10粒
- 白みそ 100g

1 そら豆は1分ほどゆで、薄皮をむき、ペーパータオルを二つに折りたたんだ間に入れる。

2 密閉容器の底に白みその4割ほどを薄く伸ばして1を置き、上から残りの白みそを塗る。1日以上冷蔵庫で置く。

〈こんなお酒と〉
ぬる燗、赤ワイン(メルロー)、白ワイン(シャルドネ)

絹さやと油揚げの卵とじ

少し甘めに煮た油揚げと絹さやの相性は抜群です。
歯ごたえよく火を通し、卵が半熟状になったところを
間髪入れずに酒膳へ! ご飯のおかずにも捨てがたい…。

〈材料〉2人分
- 絹さや 50g(筋を取る)
- 油揚げ 50g(短冊切り)
- 溶き卵 2個分

A
- だし 400㎖
- 薄口しょうゆ、みりん、砂糖 各大さじ2

1 鍋にAを入れて火にかける。沸騰したら油揚げを入れ、くたっとしたら絹さやを加える。

2 絹さやの緑が鮮やかになったらすぐに卵を回しかけ、半熟状態で火を止める。

〈こんなお酒と〉
冷酒、白ワイン(リースリング)、スパークリングワイン

せりとミニトマトと オイルサーディンの炒め物

調味料もオイルも要らない炒め物です。
オイルサーディンは油ごと豪快に
フライパンへ入れてくださいね。
ルッコラや水菜でもおいしいですよ。

〈材料〉2人分
- せり 1束
（3cmの長さに切る）
- ミニトマト 5個（ヘタを取る）
- オイルサーディン 1缶
- 黒こしょう 適量

1 フライパンにすべての材料を入れ、火にかける。
2 せりがしんなりし、ミニトマトの皮が弾けるまで炒め、黒こしょうを振る。

〈こんなお酒と〉
赤ワイン（ピノ・ノワール、サンジョヴェーゼ）

ふきのごまがけ

ふきが太ければ細く切ると食べやすいです。たっぷりとたれをかけ、
よく絡めて召し上がれ。焼魚の付け合わせやお弁当にも。
鼻に抜ける香りとシャクシャクとした歯ごたえがたまりません。

〈材料〉作りやすい分量

- ふき 1束（葉を落とし、鍋に入る長さに切る）

A
- ねりごま 大さじ4
- 砂糖 小さじ2
- 薄口しょうゆ 小さじ1／2

- だし 大さじ4
- すりごま 適量

1 ふきは板ずり（分量外）し、5分ほどゆで、冷水にさらして筋をむき、3㎝の長さに切る。

2 すり鉢に**A**を入れてよくすり、だしを少しずつ加えなめらかになるまでのばす。

3 **1**を器に盛り、**2**をかけ、すりごまを振る。

〈こんなお酒と〉
白ワイン（ピノ・グリ）、シェリー、冷酒

鱈白子のフリット ふきのとうソース

春になると必ず作るふきのとうソース。香り高くて重宝しますよ！
パスタに和えたり、ゆで鶏にかけたりと万能です。
アンチョビの塩気で充分ですが、お好みで塩を足してください。

〈材料〉2人分

- ふきのとう 10個（ざく切り）
- 鱈の白子 1個（一口大に切る）

A
- にんにく 1／2片（すりおろす）
- アンチョビ 4切れ
- 赤とうがらし 1／2本（半分に切る）
- オリーブ油 大さじ2

- 片栗粉 適量
- 揚げ油 適量

1 フライパンに**A**を入れて火にかけ、アンチョビがほぐれてきたらふきのとうを加えて炒め、青く透き通ったら火を止める。

2 白子に片栗粉をまぶす。別のフライパンに多めの油を熱し、カリッとなるまで揚げ焼きする。

3 器に**2**を盛り、**1**をかける。

〈こんなお酒と〉
白ワイン（シュナン・ブラン、甲州）、ロゼ・シャンパン、スコッチウイスキー（シングルモルト）のソーダ割り

うどのアンチョビきんぴら

うどの香りを存分に味わいたいので、
水にさらさず、切ったらすぐに炒めてください。
アンチョビの塩気だけでいただくので味付け不要ですが、
お好みで塩かしょうゆを足してくださいね。
生でもおいしいうどは、
炒めすぎるとクタクタになるので
気持ち早めに引き上げて。

〈材料〉2人分

- うど 120g（皮のまま3㎝の長さの細切り）

A
- アンチョビフィレ 2枚
- 赤とうがらし 1／2本（小口切り）
- オリーブ油 大さじ1

1 フライパンに**A**を入れて火にかけ、香りが立ってきたらうどを入れて炒める。完全に火が通る前に器に盛る。

〈こんなお酒と〉
白ワイン（深みのある甲州、トロンテス、ナイアガラ）

焼きレモンとふきのとうのつくね

卵不要、噛みごたえのあるつくねです。
お好みで少ししょうゆを垂らしてもいいですね。
お弁当にももってこいのお手軽レシピです。

〈材料〉2人分
- 鶏むね ひき肉 200g
- ふきのとう 2個（ざく切り）
- レモン 1／2個（薄切り）

A
- しょうが 小さじ1（みじん切り）
- 塩 ひとつまみ

- オリーブ油 大さじ1

1 ボウルに鶏肉とAを入れて粘りが出るまで混ぜる。ふきのとうを加えてさらに混ぜ、一口大に丸め形成する。

2 フライパンにオリーブ油を熱し、レモンと1を置く。レモンに軽く焼き目が付き、つくねに火が通るまで焼く。

〈こんなお酒と〉
赤ワイン（マスカット・ベリーA、ピノ・ノワール）、白ワイン（リースリング）

うるいと油揚げの煮浸し

天ぷらやサラダでもおいしいうるい。
薄く味付けしただしで煮ると、ぬめりと歯ごたえも心地良く、
お酒のおともにぴったり。

〈材料〉2人分
- うるい 1束（3㎝の長さに切る）
- 油揚げ 1枚（短冊切り）

A
- だし 400㎖
- 薄口しょうゆ、酒 各小さじ2
- 塩 適量

1 鍋にAと油揚げを入れて火にかける。沸騰したらうるいを入れて混ぜ、しんなりしたら火を止める。

〈こんなお酒と〉
熱燗、赤ワイン（ガメイ）、白ワイン（シャルドネ、ヴィオニエ）

春おでん

大根は下ゆでせずにだしの中にドボン！　のお手軽さ。
手羽中や練り物を入れてボリュームアップさせてもいいですね。
大根は長大根などお好みのものでOKですよ。

〈材料〉作りやすい分量
- 聖護院大根 1個（8等分にくし切りにし、皮を厚くむく）
- 赤こんにゃく 1枚（ゆでて一口大に切り、隠し包丁を入れる）
- 卵 4個（半熟にゆでて殻をむく）
- 油揚げ 1枚（適当な大きさに切る）
- 菊菜 1束
- うど 1本（穂先以外の皮をむき、適当な大きさに切る）

A
- だし 2ℓ
- 薄口しょうゆ、みりん 各大さじ4
- 濃口しょうゆ 大さじ1

- かつお節 20g（お茶パックなどで包む）

1 鍋に聖護院大根、油揚げ、赤こんにゃくを入れて、**A**を注ぎ、かつお節パックをのせて火にかけ、沸騰したら火を弱める。

2 聖護院大根に竹串がスッと通るやわらかさになったらかつお節パックを取り出し、火を止め、卵を入れる。そのまま冷まし、味を含ませる。

3 食べる直前に温め直し、菊菜とうどを入れ、しんなりしたら器に盛る。

〈こんなお酒と〉
熱燗、白ワイン（厚みのある甲州）、赤ワイン（日本の山ぶどう）

ふきのとうみそ

我が家のふきのとうみそは白みそで！　甘鯛で作りますが、
白身魚ならなんでもおいしいですよ。
冷蔵庫で4〜5日、冷凍庫で1カ月保存できます。

〈材料〉2人分
- ふきのとう2個（ざく切り）
- 白身魚 40g（鯛や平目・甘鯛などの切り身や柵、粗く刻む）
- 白みそ 大さじ2
- 太白ごま油 大さじ1

1 鍋にごま油を熱し、ふきのとうを炒める。青々と透き通ったら白身魚を加え、ほぐすように炒める。

2 火が通ったら白みそを加えてよく混ぜ、なじんだら火を止める。

〈こんなお酒と〉
冷酒、赤ワイン（軽めのサンジョヴェーゼ）、白ワイン（ピノ・グリ）、グレーンウイスキーのソーダ割り

新じゃがの花まぶし

だしがなければ水でも作れます。
その際は仕上げのかつお節を多めに。
翌日のお弁当にもどうぞ。
味がしみていてたまりません!

〈材料〉作りやすい分量
・新じゃがいも 500g
(ピンポン球大、くし切り)
A
・砂糖 大さじ2
・濃口しょうゆ 大さじ1
・かつお節 10g
・だし 300㎖
・ごま油 大さじ1

1 鍋にごま油を熱し、じゃがいもの表面が透き通るまで炒める。
2 だしを注ぎ、沸騰したらAを入れて15分ほど煮る。煮汁が少なくなったら火を止め、かつお節を加え、やさしく混ぜる。

〈こんなお酒と〉
シャンパーニュ(ブラン・ド・ブラン)、白ワイン(ソーヴィニヨン・ブラン)、ジャパニーズウイスキー(シングルモルト)のお湯割り

たけのこの木の芽焼き

掘り立てのたけのこが届いたら、これをドドンと食卓に並べ、
スイカのように頬張るのが、この時期ならではのお楽しみ。
しょうゆは、味より香り付けのためにさっと薄く刷毛で塗る程度で。

〈材料〉2人分

- たけのこ水煮 1本(食べやすい大きさにくし切り、皮付きのものでなくてOK)
- 木の芽 適量
- 濃口しょうゆ 適量

1 たけのこは魚焼きグリルやトースター、金網などでこんがりと焼く。

2 濃口しょうゆをごく薄く塗り、再び焼いて香ばしい匂いがしたら器に盛り、木の芽をたっぷりと添える。

〈こんなお酒と〉

赤ワイン(軽めのマスカット・ベリーA)、白ワイン(シャルドネ)、スコッチウイスキー(ブレンデッド)の水割り(木の芽を入れる)

たけのこと牛肉の照り焼き

P12のアスパラガスの牛肉巻きの応用。こちらはてり焼きだれで。
冷めてもしっとりとしているので、お花見弁当にいかがでしょう!?
下ゆでしたいんげん豆やにんじん、ズッキーニなどでもお試しを。

〈材料〉作りやすい分量

- たけのこ水煮 1本(1cm角の棒状に切る)
- 牛ロース肉しゃぶしゃぶ用 4枚ほど
- 木の芽 適量

A
- 濃口しょうゆ、みりん、酒 各大さじ1

- サラダ油 大さじ1
- 塩 適量

1 牛肉に軽く塩を振ってたけのこを置き、きっちりと巻く。

2 油を熱したフライパンに閉じ口を下にして置き、ふたをし、時々転がしながら焼く。

3 火が通ったら、Aを入れ、手早く煮絡める。一口大に切り分け、器にタレとともに盛り、木の芽を添える。

〈こんなお酒と〉

ロゼワイン、赤ワイン(メルロー)

たけのこと鯛の昆布締め

昆布はできるだけ平らなものを選ぶと、
味がムラなく付きます。
平目やほたてなど、淡白な魚介でもどうぞ。
ねっちり旨みをまとったたけのこと鯛は
えも言われぬおいしさです。

〈材料〉2人分
- たけのこ水煮 1／3本
（薄切り）
- 鯛の造り 5切れ
- 利尻昆布 ハガキ大2枚
- 濃口しょうゆ、酒、
わさび、木の芽 各適量

1 ペーパータオルなどに酒を含ませ、昆布の表面を湿らせる。たけのこと鯛を置き、上にもう1枚の昆布を置いてはさみ、ラップで包む。冷蔵庫に3時間ほど置く。

2 昆布から剥がして器に盛り、木の芽を添え、お好みでわさびとしょうゆでいただく。

〈こんなお酒と〉
冷酒、白ワイン（キリッとした甲州、シャルドネ）

春キャベツたっぷりのメンチカツ

野菜たっぷりのメンチカツは、軽い味わいなので
いくつでも食べられてしまいますよ。
タネは多めの分量ですので、
焼いてハンバーグにしたり、
トマトソースで煮込んだりしても便利。

〈材料〉作りやすい分量

- 合びき肉(400g)
- 塩 小さじ1/2
- 溶き卵 1個分
- 春キャベツ 1/4玉(ざく切り)
- 玉ねぎ 1/2個(みじん切り)
- 塩、粉山椒 各適量
- 小麦粉、溶き卵、パン粉 各適量
- 黒こしょう 少々
- 揚げ油 適量

1 ボウルに肉と塩を入れて手で混ぜ、粘りが出たら卵を少しずつ入れてよく混ぜる。ほどよいやわらかさになったら、春キャベツと玉ねぎを入れ、ピンポン球大に丸める。

2 小麦粉、溶き卵、パン粉の順につけ、油で揚げる。お好みで塩と粉山椒を添える。

〈こんなお酒と〉
赤ワイン(長野メルロー、カベルネ・ソーヴィニヨン)、白ワイン(シャルドネ)、ジャパニーズウイスキー(ブレンデッド)のソーダ割り

キャベツのアチャール

ボウルを抱えて食べたくなるほど!
オイルが熱いうちに
キャベツにかけて和えるとしんなりして
とても食べやすいですよ。

〈材料〉作りやすい分量
・キャベツ 1/4玉(千切り)
・レモン 1/4個
A
・砂糖 大さじ1/2
・塩 小さじ1/2
B
・オリーブ油 大さじ2
・マスタードシード 小さじ2
・クミンシード 小さじ1
・カレー粉 小さじ1

1 ボウルにキャベツとAを入れてよく混ぜ合わせる。
2 フライパンにBを入れて火にかけ、ふたをする。マスタードシードが弾けて黒くなるまでゆすりながら炒める。仕上げにカレー粉を加えて炒め、香りが立ったら火を止める。
3 **2**を**1**に回しかけ、レモンを絞り、やさしく和える。

〈こんなお酒と〉
白ワイン(北天の雫)

丸ごと新玉ねぎのハンバーグ

新玉ねぎが主役のハンバーグです。お肉が少ないので
食べた後は、さっぱり。玉ねぎはあめ色になるまで炒めなくてOK。
ソースはドレッシング代わり、豚のしょうが焼きのたれにも。

〈材料〉2人分

- 牛ひき肉 200g
- 新玉ねぎ 1個
- にんにく 1片
- しょうが 1かけ

A
- 酒 大さじ6
- 濃口しょうゆ 大さじ3
- みりん 大さじ1強

B
- 新玉ねぎ 1／2個（みじん切り）
- 溶き卵 1／2個分
- 黒こしょう 適量

- 塩 小さじ1／2
- ごま油 適量

1 玉ねぎ、にんにく、しょうがをフードプロセッサーでなめらかになるまで撹拌する。鍋に入れて甘みが出るまでよく炒め、**A**を入れる。5分ほど煮て、とろりとしたら火を止める。

2 ボウルに肉と塩を入れて、手で粘りが出るまで混ぜる。**B**を加えてよく混ぜ、4等分し、形成する。

3 フライパンにごま油を熱し、**2**に火が通るまで焼く。器に盛り、**1**をかける。

〈こんなお酒と〉
白ワイン（ソーヴィニヨン・ブラン）、赤ワイン（カベルネ・ソーヴィニヨン）、ロゼワイン（カベルネ・フラン）、ジャパニーズウイスキー（シングルモルト）の水割り

焼きしゃぶ

野菜がベチャッとせず、本来の甘みや歯ごたえが味わえます。
春にはたけのこ、夏はトマト、秋はきのこ、冬はかぶといったように、
ぜひ季節ごとの野菜のおいしさを味わってみてくださいね。

〈材料〉2人分

- 牛ロース肉 しゃぶしゃぶ用 150g
- 新玉ねぎ 1個（1cm幅の輪切り）
- 伏見とうがらし 4本
- 長なす 1本（魚焼きグリルなどで焼き、皮をむき、一口大に切る）
- しょうが 適量（すりおろし）

A
- 濃口しょうゆ、酒 各大さじ1

- オリーブ油 大さじ2

1 フライパンにオリーブ油を熱し、新玉ねぎ、伏見とうがらしを入れ、じっくり焼く。牛肉はさっと焼き、長なすとともにそれぞれ器に盛る。

2 空いたフライパンに**A**を入れ、木べらで旨みをこそげながら混ぜ、アルコール分が飛んだら、**1**にまわしかけ、しょうがを添える。

〈こんなお酒と〉
スパークリングワイン（カヴァ）、赤ワイン（ガメイ、ブラック・クイーン）

新玉ねぎと鴨ささみの炒め物

紹興酒の香りをプラスすると、
いつもの炒め物が驚くほどグレードアップします。
鴨がなければ鶏ささみでも構いません。
鴨も玉ねぎもくれぐれも火を通しすぎないように、
手前で火を止めることが大事です。
冷めてもおいしい炒め物のでき上がり！

〈材料〉4人分
- 新玉ねぎ1個（縦半分に切り、1㎝幅の半月切り）
- 鴨ささみ肉 2本（筋を取り、一口大に切る）
- 九条ねぎ 適量（小口切り）

A
- ごま油 大さじ1
- にんにく 1／2片（潰す）
- 赤とうがらし 1／2本

B
- 濃口しょうゆ、紹興酒 各小さじ2

1 フライパンに**A**を入れて火にかけ、にんにくの香りが立ってきたら鴨肉を入れて炒める。半分ほど火が通ったら新玉ねぎを入れてさっと炒め、**B**を回しかけて火を止める。

2 器に盛り、九条ねぎを飾る。

〈こんなお酒と〉
シェリー、白ワイン（ピノ・グリ）、スパークリングワイン（プロセッコ）

エシャレットの豚肉巻き

下味を付けたら時間を置かずに
すぐ揚げられます。
コツは揚げている間は触らないこと。
カリッとしたらすぐに引き上げ、
あつあつを頬張って!
島らっきょうでもお試しください。

〈材料〉2人分
- エシャレット8本(根をギリギリで切る)
- 豚ロース肉しゃぶしゃぶ用8枚

A
- 濃口しょうゆ、紹興酒、片栗粉 各小さじ2
- 黒こしょう 適量
- 揚げ油 適量

1 ボウルに豚肉とAを入れて手でよくなじませ、エシャレットに巻き付ける。

2 フライパンに多めに油を注ぎ、揚げ焼きする。カリッとしたら皿に盛り、黒こしょうを振る。

〈こんなお酒と〉
黒ビール、白ワイン(日本のシャルドネ)、赤ワイン(マルベック)

ブラッドオレンジと花山椒のサラダ

花山椒の出回り時期はほんの一瞬ですから、
見逃さずに見つけたら即手に取って!
その時々の柑橘でもお楽しみください。

〈材料〉2人分
・ブラッドオレンジ 1個
・花山椒 適量
・オリーブ油 大さじ1

1 ブラッドオレンジの外皮と薄皮を包丁でむき、一口大に切る。器に盛り、花山椒を飾り、オリーブ油を回しかける。

〈こんなお酒と〉
白ワイン(甲州、シャルドネ)、南仏のロゼワイン、赤ワイン(モナストレル)

エシャレットのおかかナムル

ボウルに入れて混ぜるだけ。5分でできるお手軽ナムルです。
おにぎりの具にしたり、お造りに添えたりとアレンジの幅は
いくらでも。作りたてでシャキシャキ感を楽しんで。

〈材料〉2人分
・エシャレット 3本(小口切り)
・すだち果汁、一味とうがらし、かつお節 各適量
・薄口しょうゆ、ごま油 各小さじ1

1 ボウルにすべての材料を入れてざっくりと混ぜ合わせ、器に盛る。

〈こんなお酒と〉
白ワイン(日本のシャルドネ、ボルドーのソーヴィニヨン・ブラン)、赤ワイン(ガリオッポ)

パクチーのだし卵炒め

出し巻き卵の卵液ですが、きれいに巻かずにスクランブルエッグに!
だしがふわっと香って、ふっくらした食感が至福です。
ともかくパクチーは炒めすぎないことがポイントです。

〈材料〉2人分
・パクチー 1束（3cmの長さに切る）
・溶き卵 2個分
A（混ぜ合わせる）
・だし 大さじ3
・薄口しょうゆ 小さじ1／2
・塩 ひとつまみ
・片栗粉 小さじ1
・ごま油 大さじ2

1 溶き卵にAを加えて混ぜる。
2 フライパンにごま油を熱し、パクチーを炒める。軽く火が通ったら、**1**を注いで手早く混ぜ、半熟状態で器に盛る。

〈こんなお酒と〉
ビール

レタスとおじゃこのカリカリ炒め

レタスはシャキシャキ感が残るようにさっと炒めてください。
生では味わえない甘みが出てあっという間になくなるおいしさ!
じゃこの代わりに、乾燥桜えびでも香りよく彩りがきれいです。

〈材料〉2人分
・レタス1／2玉（食べやすい大きさに手でちぎる）
A
・ごま油 大さじ2
・赤とうがらし 1／2本
・ちりめんじゃこ 20g
・濃口しょうゆ 小さじ1／2

1 フライパンにAを入れて火にかけ、じゃこがカリカリになったら、油は残してじゃこと赤とうがらしをペーパータオルの上に取り出す。
2 空いたフライパンにレタスを入れて油と絡めるように炒め、まだ生っぽいうちに濃口しょうゆをかけて和え、器に盛り、**1**をかける。

〈こんなお酒と〉
白ワイン（リースリング、グリューナー・フェルトリナー、ミュラー・トゥルガウ）

パクチーと冷奴、やりいかの湯引きのサラダ

香ばしいタレと合わさったパクチーが
少ししんなりしたところをモシャモシャいただく快感。
水気が出ないうちに早めにどうぞ。
やりいか以外に、えび、たこなどでも。
温かいたれと冷たい豆腐がなんだかクセになります。

〈材料〉作りやすい分量
・パクチー 1束
（3㎝の長さに切る）
・絹ごし豆腐 200g
・ゆでやりいか 1杯
（胴体は1㎝の幅に、ゲソは食べやすい大きさに切る）
・紫玉ねぎ 1／2個
（薄切りにし、水にさらす）

A
・ごま油 大さじ2
・にんにく 1片
（みじん切り）
・赤とうがらし 1／2本分
（小口切り）

B
・濃口しょうゆ 小さじ1
・レモン果汁 小さじ1

1 ボウルにやりいか、パクチー、紫玉ねぎ、手で崩した絹ごし豆腐を入れる。

2 フライパンに**A**を入れて火にかける。にんにくがカリッとしたら火を止め、熱いうちに**1**に回しかけ、**B**もかけてざっくりと和える。

〈こんなお酒と〉
スパークリングワイン（ソーヴィニヨン・ブラン）、スコッチウイスキー（シングルモルト）の水割り（薄め）

ミニトマトの白みそ炒め

白みそのコクがトマトの甘み・酸味と
よく合うクリーミーな炒め物です。
白みそは冷凍保存しておけば、ちょっとした
旨み甘みがほしい時の隠し味にも。
セロリ、かぶ、アボカドなどでも
お試しください。

〈材料〉2人分

- ミニトマト 8個（ヘタを取る）
- 発酵バター 大さじ1
- にんにく1／3片（すりおろし）

A
- 白みそ 大さじ1
- 酒 大さじ1
（混ぜ合わせる）

- 黒こしょう 適量

---

1 フライパンにバターを置き、火にかけ、ミニトマト、にんにくを入れて炒める。

2 ミニトマトの皮が弾けたらAをかけ、全体に絡んだら火を止め、黒こしょうを振る。

〈こんなお酒と〉

熱燗、赤ワイン（冷え冷えのモンテプルチャーノ・ダブルッツォ、サンジョベーゼ、軽めのマスカット・ベリーA）

ミニトマトとあさりの蒸し煮

ミニトマトの酸味とあさりの旨みがじんわり。
お好みでセロリや玉ねぎなどを入れても。
この煮汁にゆでたパスタや素麺を入れて
絡めればしめに持ってこいの料理がもう一品!
その場合は塩やオリーブ油を
足してもいいですね。

〈材料〉2人分
・あさり 200g（砂抜きしたもの）
・ミニトマト 8個
・ルッコラ 1束（2cmの長さに切る）
・レモン 1/2個

A
・にんにく 1/4片（薄切り）
・だし 200mℓ
・酒 大さじ2

・黒こしょう 適量

1 鍋にあさり、ミニトマト、**A**を入れてふたをし、火にかける。沸騰したら火を弱め、1分ほど煮る。

2 ふたを開け、あさりの口が開き、ミニトマトの皮が弾けたらルッコラを入れ、レモンを絞り、黒こしょうを振る。

〈こんなお酒と〉
白ワイン（アルバリーニョ）、ロゼワイン、スパークリングワイン（黒ぶどう主体のもの）

トマトのお造り しょうが酢がけ

5分でできる時短メニュー。でもこれが侮れないおいしさ。
かけてすぐでも、冷蔵庫で冷やして馴染ませてからでも。
しょうが酢は日持ちがするので、たっぷり作って
いつものドレッシング代わりに使ってみてくださいね。

〈材料〉2人分

・トマト(大)1個
(1㎝幅の輪切り)

A
・米酢 大さじ2
・砂糖 小さじ2
・しょうが 適量
(すりおろし)

1 皿にトマトを並べ、**A**をよく混ぜて回しかける。

〈こんなお酒と〉
スパークリングワイン(カヴァ)、白ワイン(キンキンに冷えたシャルドネ)、赤ワイン(スペイン中部のテンプラニーリョ)

ミニトマトのヨーグルト白和え

塩もみしたきゅうりと和えたり、キャロットラペにかけたり、
ほたてのお造りと和えたりと万能なヨーグルトソースです。
さっぱりしていてヘルシー、何よりお腹にやさしいのが嬉しいですね。

〈材料〉2人分
・ミニトマト 10個（ヘタを取る）
A
・豆乳ヨーグルト 100㎖
・にんにく 1／2片（すりおろし）
・オリーブ油 大さじ1
・レモン果汁 小さじ1
・塩 ひとつまみ
・黒こしょう 適量

1 Aをボウルに入れてよく混ぜ、ミニトマトを入れてざっくり和える。

〈こんなお酒と〉
樽香がする白ワイン（ブルゴーニュのシャルドネ、ブルガリアのタミャンカ）

シュガートマトのワイン煮

キリリッと冷やしてかぶり付く幸福。
白ワインの品種は問いません。安価なもので充分です。
たくさん作り置きして初夏の常備菜に。

〈材料〉作りやすい分量
・シュガートマト 6個（ヘタを取る）
A
・白ワイン 200㎖
・みりん 100㎖
・結晶塩 適量

1 鍋にAを入れて火にかける。沸騰し、アルコールが飛んだら、トマトを入れ、2分煮て火を止め、そのまま冷やす。

3 薄皮を取り除き、器に盛り、汁を張り、結晶塩を飾る。

〈こんなお酒と〉
スパークリングワイン（ロゼのシャンパーニュ）、シェリー、赤ワイン（ジンファンデル）

column　酒呑み春秋。

四季の
ちりめんじゃこ

おみやげでいただくことの多い「ちりめん山椒」ですが、ちりめんじゃこは山椒だけにあらず。季節の香りをまとわせたちりめんじゃこを作ることが、私の日々の楽しみです。オーソドックスなしょうゆ味と、白みそ味の2種類のレシピをご紹介。どちらもやさしい味付けです。

しょうゆ味はどなたにも好まれる味わいですし、白みそ味もやわらかな口当たりでおすすめです。あくまでも隠し味程度に加えることで、塩味、コク、ほのかに感じる甘みがはんなりしていて、色白さんに仕上げた見た目も喜ばれます。これらを基本に、季節のジャムを煮るような感覚で、旬のものを入れれば完成です。旬はあっという間に過ぎて行きますので、ちりめんじゃこは冷凍庫でストックしておくと良いでしょう。解凍せず、そのままお使いください。

基本のちりめん山椒 2種

熱湯にくぐらせることでふっくらとした口当たりになり、魚の生臭みが消えます。また、余分な塩分が洗い流され、のちに加える調味料を邪魔しません。できるだけじゃこは小ぶりのものをお使いください。やわらかく、見た目も上品に仕上がります。香りが持ち味のちりめんじゃこなので、日持ちは冷蔵庫で3日間です。

ちりめん山椒

〈材料〉作りやすい分量

- ちりめんじゃこ 100g
- 実山椒の水煮 大さじ2

A

- 酒 大さじ3
- 薄口しょうゆ、濃口しょうゆ 各小さじ1

白みそちりめん山椒

〈材料〉作りやすい分量

- ちりめんじゃこ 100g
- 実山椒の水煮 大さじ2

B

- 酒 大さじ3
- 白みそ 大さじ1

〈作り方〉すべて共通

1 じゃこはたっぷりの熱湯にさっとくぐらせ、すぐに引き上げ水気を切る。

2 鍋にAまたはBを入れて火にかける。アルコールが飛んだら1と四季の具材を入れて絡め、火を止めて冷ます（ゆずは冷めてから合わせる）。

秋 | **みょうが**

みょうがの香りと歯ごたえを生かしたいので、余熱で軽くしんなりさせるぐらいで。初秋にみょうががたくさん出回ったら、ぜひ。写真は、**A**しょうゆ味で作り、ご飯の上にかつお節とともにたっぷりかけてみました。

〈材料〉作りやすい分量

- ちりめんじゃこ 100g
- みょうが 6個
  （縦半分に切り、薄切り）
- 調味料 **A**または**B**

春 | **ふきのとう**

ふきのとうを色よく仕上げるため、太白ごま油でさっと炒め、隠し味程度の薄口しょうゆを加えてから、じゃこと合わせました。写真は**B**白みそ味です。

〈材料〉作りやすい分量

- ちりめんじゃこ 100g
- ふきのとう 10個（ざく切り）
- 太白ごま油 大さじ1と1/2
- 薄口しょうゆ 小さじ1/2
- 調味料 **A**または**B**

（ふきのとうの下ごしらえ）鍋にごま油を熱し、ふきのとうを炒める。透き通ったら薄口しょうゆを入れて手早く混ぜ、じゃこと合わせる。

冬 | **ゆず**

ゆずは香りを生かしたいので、きちんとじゃこを冷ましてから、散らしてください。写真は**B**白みそ味です。

〈材料〉作りやすい分量

- ちりめんじゃこ 100g
- ゆずの皮 1個分
  （千切りして水にさらす）
- 調味料 **A**または**B**

夏 | **青じそ**

青じその色が変わらないうちに、じゃこと絡めたらすぐにバットに広げて冷ましてください。写真は**B**白みそ味です。

〈材料〉作りやすい分量

- ちりめんじゃこ 100g
- 青じそ 10枚（軸を取り、ざく切り）
- 調味料 **A**または**B**

ほうれん草と蓮根としめじ

（作りやすい分量）ほうれん草1束をさっとゆで、水にさらして絞り、3cmの長さに切る。蓮根80gは皮をむいていちょう切りにし、しめじは手でほぐしてそれぞれゆでる。「基本の浸し地」400mℓに、すりおろしたしょうが適量と野菜を浸してしばらく置く。お好みでゆずの皮の千切りを散らす。

基本の浸し地

この浸し地があれば、ゆでた野菜にかけるだけで即お浸しに。生野菜にかければドレッシング代わりに。これで野菜を煮たら煮浸しに。とにかくたっぷり作って、冷蔵庫に入れておけば、ちょっとした来客にもすぐに対応できますよ。

〈材料〉作りやすい分量

- だし 400mℓ
- 薄口しょうゆ、酒 各小さじ2
- 塩 小さじ1/2

1 鍋に材料をすべて入れて火にかけ、沸騰したら冷まし、容器に入れて冷蔵庫で保存する。

column　酒呑み春秋。

自在な、お浸し

みずみずしい野菜が手に入ったら、何はともあれお浸しにしちゃおう！　と喜んでお台所に直行します。野菜は、不必要に調味料で和えたり、あれこれ手間暇をかければいいというものではなく、かといってそのままというのは愛想がない。そこで、お浸しが大活躍。素材の持ち味を引き立ててくれ、だしが効いているので食べやすく、時間が経つことでまた違ったおいしさを発見できます。忙しい毎日だからこそ、お浸しをぜひ常備してみてください。お仕事から疲れて帰ってきても、冷蔵庫にお浸しがある！　と晩酌が楽しみになりますよ。そして何より、見てみてください、野菜が浸し地の中で、とても美しく、気持ちよさそうに佇んでいる姿を。美しいものはおいしいもの。大げさな言い方ですが、それくらい和の調理法、お浸しの魅力にはまっています。

オクラ

（2人分）オクラ10本はヘタを取って小さじ1の塩で板ずりし、さっとゆでる。「基本の浸し地」400mℓにオクラを浸す。器に盛り、糸がつおを適量添える。

黒枝豆

（2人分）黒大豆15さやは小さじ1の塩で板ずりし、好みのやわらかさになるまでゆで、熱いうちに「基本の浸し地」400mℓに1時間ほど浸す。冷蔵庫で3日保存できる。この豆を白和えにしてもオツ。

うすいえんどう

（作りやすい分量）さやから出したうすいえんどう1/2カップ分を鍋に入れ、水400mℓと塩小さじ1/3を入れ火にかける。沸騰したら火を弱め、やわらかくなるまで10分ほど煮て火を止め、煮汁ごと冷ます。「基本の浸し地」200mℓに煮汁200mℓを入れて豆を浸す。器に盛り、木の芽を飾る。

菊菜（春菊）

（作りやすい分量）菊菜はさっとゆでて水気を絞り、3cmの長さに切る。手でほぐしたしめじ1パックはゆでてざるに上げて冷ます。「基本の浸し地」400mℓに菊菜としめじを浸し、千切りしたゆずの皮適量を加え、冷蔵庫で冷やす。食べる直前に、かにのほぐし身100gを加えて和え、器に盛り、いくらを適量飾る。

白菜

（作りやすい分量）白菜1/4株を一口大に切り、色よくゆで、ざるに上げて冷ます。器に盛り、「基本の浸し地」を適量かけ、ゆずの皮の千切りを適量飾る。

トマトとすだち

（2人分）トマト大1個は1cmの幅に薄切り、すだち1個は半分を薄切りに、半分を絞る。「基本の浸し地」200mℓに絞ったすだち果汁を加え、トマトと薄切りのすだちを浸し、冷蔵庫で軽く冷やす。そうめんにかけていただいてもおいしい。トマトは硬くても完熟でもどちらも美味。

メロンとヨーグルトのサラダ

飲みかけの白ワインをメロンにたらり。
それだけでおつまみになります。
メロンの甘さに応じて、はちみつの量は
加減してください。私はラベンダーの
はちみつをかけるのがお気に入りです。

〈材料〉2人分
- メロン 1／8玉
（皮をむき、一口大に切る）
- 豆乳ヨーグルト 大さじ3
- はちみつ、ミント 各適量
- 白ワイン（お好みのもの）
大さじ2

1 ボウルにメロンと白ワインを入れ、よく和える。
2 器に盛り、ヨーグルトをかけ、はちみつを回しかけ、ミントを飾る。

〈こんなお酒と〉
ブランデー（コニャック）、白ワイン
（ソーヴィニヨン・ブラン、リースリング）

メロンナポレオン

一人1/2玉は余裕！　メロンはお尻を触ってみて、「もう限界！」ってほどしっかり熟したものをお使いください。種を取り出す時はしたたり落ちる貴重な果汁をこぼさないように。

〈材料〉2人分
・完熟のメロン 1玉
・ブランデー 適量（お好みのもの）

1 メロンの底とヘタの部分を少し切り落とし、さらに横に半分に切り、種を取り出し、ブランデーをなみなみと注ぐ。

〈こんなお酒と〉
ラタフィア（シャンパーニュ地方の甘口酒精強化ワイン）、シャンパーニュ

メロンのお浸し

メロンをお浸しに？　と誰もが目を疑うけれど、口にすれば感動してもらえる前菜です。ポイントは、少し硬めの青いメロンを使うこと、そして冷えっ冷えをお出しすること！

〈材料〉作りやすい分量
・メロン 1／4個（皮をむき、一口大に切る）
・糸かつお 適量
・だし 適量（キンキンに冷やす）

1 器にマスクメロンを盛り、だしを軽くかけ、糸かつおを添える。

〈こんなお酒と〉
スパークリングワイン（古酒シャンパーニュのブラン・ド・ブラン）、白ワイン（ミュスカデ）、冷酒

豆腐つくね ラディッシュソース

ラディッシュのピンク色が愛らしいソースでいただく豆腐つくねです。
卵の代わりに豆腐がたっぷり入るのでふわふわの仕上がりに。
油で揚げてもおいしいです。豆腐の水切りはくれぐれもきっちりと!

〈材料〉4人分
・木綿豆腐 100g（水切りする）
・鶏むね ひき肉 100g
・塩 小さじ1／2
・九条ねぎ 1／2本（小口切り）
・しょうが 小さじ1（みじん切り）
A
・ラディッシュ 4個（すりおろし）
・レモン果汁 適量
・オリーブ油 大さじ1

1 ボウルに鶏肉と塩を入れて粘りが出るまで練る。豆腐を手で崩しながら入れ、九条ねぎ、しょうがを加えてよく混ぜ、好みの大きさに丸める。

2 フライパンにオリーブ油を熱し、**1**を両面焼く。器に盛り、**A**を添える。

〈こんなお酒と〉
ハイボール、白ワイン（日本のシャルドネ、甲州）

モッツァレラの湯豆腐風

ある時、湯豆腐の土鍋の中に、モッツァレラを入れてみたら
これが大正解。しょうゆとの相性がよく、以来我が家の定番に。
かつお節をかけてもより本格的ですし、ポン酢に変えても。

〈材料〉2人分
・モッツァレラチーズ 2個
・ラディッシュ 2個（すりおろし）
・しょうが 適量（すりおろし）
・九条ねぎ 適量（小口切り）
・昆布 5cm角 1枚
・水 適量
・濃口しょうゆ、オリーブ油 各適量

1 鍋に昆布を敷いてモッツァレラチーズを置き、かぶる程度の水を張り、火にかける。チーズがとろりとしてきたら器に盛り、ラディッシュ・しょうが・九条ねぎを飾る。

2 好みで濃口しょうゆ、オリーブ油、**1**のゆで汁（適量）をかける。

〈こんなお酒と〉
熱燗、赤ワイン（マスカット・ベリーA）、スパークリングワイン

ラディッシュと白身魚のペッシェ・クルード

お造りがたった10分で白ワインに合う一皿に大変身。
平目、すずき、鯛などお好みのものをどうぞ。
ラディッシュの葉っぱまでおいしくいただくので無駄がありません。
味のアクセントは七味！　和食だけでなく
イタリアンにもパラリと振りかけて楽しんでみて。

〈材料〉4人分

・白身魚の薄造り100g
・ラディッシュ 3個
（薄切り、葉はみじん切り）

A
・レモン果汁1／4個分
・塩、七味とうがらし 各適量
・オリーブ油 大さじ1

1 皿にラディッシュを盛り、白身魚をのせる。

2 ボウルにラディッシュの葉と**A**を入れてよく混ぜ合わせ、**1**にかける。

〈こんなお酒と〉
冷酒、白ワイン（ドイツのリースリング、山形のミュラー・トゥルガウ）

はもフライ らっきょうのタルタルソース

近頃は全国的にはもが手に入るようになりました。多少骨切りが甘くても、油で揚げると問題なし！　甘酢浸け入りの和風タルタルがお酒を進ませます。

〈材料〉2人分

- 生はも 1尾(一口大に切る)
- 塩、黒こしょう 各適量
- 溶き卵、薄力粉、パン粉 各適量

A
- ゆで卵 1個
- らっきょう甘酢漬け 10粒
- 新しょうが甘酢漬け 1かけ
- パセリ 適量
- マヨネーズ 1／2カップ分
- 豆乳ヨーグルト 50㎖
- 黒こしょう 適量
- 揚げ油 適量

1 Aをすべて細かく刻み、ボウルに入れ、マヨネーズとヨーグルトを加えて混ぜる。

2 はもに塩・黒こしょうを振り、溶き卵・薄力粉・パン粉の順に付け、揚げる。

3 皿に2を盛り、1をたっぷりとかける。

〈こんなお酒と〉

ビール、白ワイン(ソーヴィニヨン・ブラン、北海道のナイアガラ)、ジャパニーズウイスキー(ブレンデッド)のソーダ割り

鶏レバーとダークチェリーの八角煮

下ゆでをせずとも、レバーの生臭みを八角とバルサミコ酢が完全に押さえ込んでくれます。こまめにアクをすくうのが大切。冷めても美味です。冷蔵庫で4日ほど保存できますよ。

〈材料〉作りやすい分量
- 鶏レバー 200g(一口大に切り、血の塊を取る)
- ダークチェリー 8個(軸を取る)

A
- しょうが 1かけ(薄切り)
- 酒 100mℓ
- 干ししいたけ 1個
- 八角 1個
- 砂糖、バルサミコ酢、濃口しょうゆ 各大さじ1と1/2

1 鍋に鶏レバー・チェリー・Aを入れて火にかける。沸騰したら火を弱め、アクをすくいながら20分ほど煮る。

〈こんなお酒と〉
赤ワイン(シラー、ガメイ)

生ハムとらっきょうの甘酢漬けちらし

生ハムをそのまま出すのも色気がないなあ、そう思って冷蔵庫に常備しているらっきょと一緒にしたら、これが意外にイケる! 脂っこさを洗い流してくれるさっぱり感が絶妙なんです。

〈材料〉2人分
- 生ハム(お好みのもの) 適量
- らっきょうの甘酢漬け 5粒(小口切り)
- 黒こしょう、オリーブ油 各適量

1 皿に生ハムを敷き、らっきょの甘酢漬けを散らす。オリーブ油を回しかけ、黒こしょうを振る。お好みでチーズやドライフルーツを添えても。

〈こんなお酒と〉
スパークリングワイン(カヴァ)

きゅうりとご飯のタブレ風

ご飯が残ったら炒飯だけでなくこんなサラダにしてみてはいかが?
玄米や赤米で作っても食べごたえがありますよ。
夏場はここにコーンや枝豆を入れてもカラフルで可愛らしいですね。

〈材料〉2人分

- ご飯 茶碗一杯(160g)
- きゅうり 1／3本(5㎜のさいの目に切る)
- 赤玉ねぎ 1／8個(みじん切り)
- ルッコラ 1／4束(ざく切り)
- にんじん 1／4本(5㎜のさいの目に切る)
- ミニトマト 2個(ヘタを取り、適当な大きさに切る)
- レモンの皮 適量(千切り)

A

- ホワイトバルサミコ酢 大さじ1／2(米酢でも可)
- ディジョンマスタード 小さじ1／2
- 黒こしょう 適量
- オリーブ油 大さじ1

1 ボウルに**A**を入れて混ぜ、すべての材料を加え、パラリとするまでよく混ぜる。

〈こんなお酒と〉
スパークリングワイン、白ワイン(シャルドネ)、冷酒

きゅうりのからし漬け

鼻にツーンと抜ける鮮烈な香りが後を引く！
冷蔵庫で1週間保存できるので、
お茶漬けやサラダのトッピングにも。
好みで塩とからしの量はご調節を。

〈材料〉作りやすい分量
・きゅうり 5本（ヘタを落とし、好みの形に切る）
・粉からし、塩 各15g

1 ポリ袋にすべての材料を入れ、上からもんでなじませる。袋の口をきっちりと閉じて冷蔵庫で一晩置く。

〈こんなお酒と〉
冷酒、白ワイン（ギリシャのアシルティコ）、スコッチウイスキー（シングルモルト）のソーダ割り

きゅうりのあんかけ

きゅうり本来の甘みが感じられ、私の大好物。
京都では晩夏の定番のおかずなんです。
夏の疲れがいやされる
しょうがが効いたあんでほっこりと。

〈材料〉2人分
・きゅうり 3本
・しょうが 1かけ（すりおろし）
A
・だし 400mℓ
・薄口しょうゆ 大さじ1
・酒 大さじ1
・片栗粉 適量（同量の水で溶く）

1 きゅうりはヘタを落として薄く皮をむき、縦半分に切って種をスプーンで取り、3cm幅に切る。
2 鍋に1とAを入れて火にかけ、沸騰したら火を弱める。やわらかくなるまで10分ほど煮る。
3 水溶き片栗粉でとろみをつけ、しょうがを加えてざっくり混ぜる。

〈こんなお酒と〉
白ワイン（甲州）

炒めきゅうり

5分でできるスピードおつまみ。
甘くてコリコリしたきゅうりの新食感に
夢中になりますよ。
冷めてもおいしいので翌日はナムルとして。

〈材料〉2人分
・きゅうり 1本
・にんにく 1片（半分に切り、潰す）
・一味とうがらし 適量
・塩 小さじ1／4
・ごま油 大さじ1

1 きゅうりはすりこぎなどで叩き、食べやすい大きさに割く。
2 フライパンにごま油を熱し、香りが立ったら1を加えて1分ほど炒める。しんなりしたら塩を振り、器に盛り、一味を振る。

〈こんなお酒と〉
白ワイン（甲州、イタリアのピノ・グリ）

いかの青じそ炒め

青じその香りと色彩が美しい炒め物です。
加熱しすぎに注意して、
手早く調理してくださいね。
たこ、ほたてなどでも合います。

〈材料〉2人分

- いか 100g
（適当な大きさに切る）
- 青じそ 5枚（みじん切り）
- にんにく 1片（半分に切る）
- 塩 小さじ1／4
- 酒 小さじ1
- 太白ごま油 大さじ1

1 フライパンにごま油とにんにくを入れて火にかける。香りが立ってきたらいかを入れ、半分ほど火が通ったら酒を回しかけて手早く炒め、塩を振る。仕上げに青じそを入れ、さっと混ぜる。

〈こんなお酒と〉
白ワイン（甲州）、ロゼワイン

青じそつくね

コツは、まずはつくね側から焼いて、
いい焦げ目が付くまで絶対に触らないこと。
軽い食べ心地なのでいくつでも胃に収まってしまいます。
これがお弁当に入っていても映えますね。

〈材料〉2人分

- 青じそ 10枚
（うち4枚は細かく刻む）
- 鶏ひき肉 100g
- にんにく 1／2片
（みじん切り）
- しょうが 小さじ1
（すりおろし）
- 塩 ひとつまみ
- 片栗粉 適量
- ごま油 大さじ1

1 ボウルに鶏肉と塩を入れて手で混ぜる。粘りが出たら、にんにく・しょうが・刻んだ青じそを入れてよく混ぜる。

2 青じその表面に軽く片栗粉を振り、**1**を薄く塗る。ごま油を熱したフライパンで先に両面をこんがりと焼く。

〈こんなお酒と〉
白ワイン（常温の甲州）、赤ワイン（メルロー）

新しょうがの佃煮

大好きな新しょうがを佃煮にしました。箸休めにつまめば、
冷酒が飲みたくなりますよ。あつあつご飯と一緒に
しめにいただくのもいいですし、おにぎりに混ぜ込んでも。

〈材料〉作りやすい分量
・新しょうが 300g
（皮のまま千切り）
・塩 小さじ1
A
・ちりめんじゃこ 20g
・薄口しょうゆ 大さじ2
・みりん 大さじ1
・酒 大さじ3

1 ボウルに新しょうがと塩を入れてもみ、しんなりしたらぎゅっと水気を絞る。1分ほどゆで、ざるに上げる。
2 鍋に**A**を入れて火にかける。沸騰したら**1**を加えてざっと混ぜ、3分ほど煮る。

〈こんなお酒と〉
冷酒、シャンパーニュ、白ワイン
（軽めのシャルドネ）

新しょうが入りポテトサラダ

初夏にぴったり、さっぱり味のポテトサラダです。
マヨネーズは使わず、ヨーグルトで仕上げます。何かと罪悪感の大きい
ポテトサラダですが、これなら、ちょっと心は軽い？

〈材料〉2人分
・じゃがいも 1個
（水からゆで、皮をむく）
・きゅうり 1／3本
（薄切りにし、ひとつまみの塩で塩もみ）
・新しょうがの甘酢漬け（スライス）適量
・ハム 1枚
（適当な大きさに切る）
A
・豆乳ヨーグルト 大さじ2
・塩、からし、レモン果汁 各小さじ1／2
・黒こしょう 適量
・オリーブ油 大さじ1／2

1 ボウルにじゃがいもを入れて潰し、**A**とそれ以外の材料すべてを入れ、和える。

〈こんなお酒と〉
冷酒

谷中しょうがのキョフテ

「キョフテ」は中東〜南アジアの料理で
小型の肉団子のこと。
谷中しょうがの根元が太くて
食べづらそうであれば、みじん切りにして
肉団子に加えてもいいですね。
ある程度火が通るまでは触らないように
すれば型崩れしませんよ。

〈材料〉4人分
- 谷中しょうが（葉しょうが） 6本（根の部分の皮を薄くむく）
- 豚ひき肉 200g
- 玉ねぎ 1／8玉（みじん切り）
- にんにく 小さじ1（すりおろし）
- 完熟のすだち 1個（なければ好みの柑橘類で）

A
- 溶き卵 1／2個分
- クミンシード 小さじ1
- 塩 小さじ1／3

- 揚げ油（オリーブ油） 適量

1 ボウルに豚肉、**A**を入れてよく練り、玉ねぎを加えて混ぜ、丸めて谷中しょうがの根元を包むように形成する。

2 フライパンに油を注いで熱し、**1**をこんがりと揚げる。

3 皿に盛り、すだちを添える。

〈こんなお酒と〉
ロゼワイン、ビール、赤ワイン（ニューワールドのカベルネ・ソーヴィニヨン）

みょうがナムルの白和え

写真は盛り付け例です。
食べる直前に豪快に崩し、
白和えにして召し上がれ。
たっぷりのみょうがが贅沢な
クセになる白和えです。
みょうがナムルはお造りにのせて
クルッと巻いて食べるのも最高です。

〈材料〉作りやすい分量

- 絹ごし豆腐 400g
- みょうが 6個
  （縦半分に切り、千切り）
- 三つ葉 1束
  （2cmの長さに切る）
- ザーサイの千切り（瓶詰め）
  40g
- いりごま 大さじ1
- 七味とうがらし 適量

A
- ごま油 大さじ2
- 塩 小さじ1/2

1 豆腐は水気を軽く切り、一口大に切り器に盛る。

2 みょうが・三つ葉・ザーサイをボウルに入れ、**A**を加えてざっくり混ぜる。**1**の上にのせ、いりごまと七味を振る。

3 好みでスプーンなどで崩して和える。

〈こんなお酒と〉
白ワイン（甲州）

塩さばの竜田揚げ みょうが酢がけ

塩さばの脂をみょうがとお酢でさっぱりと。
あらかじめ塩味が付いているので
片栗粉をまぶすだけのお手軽レシピです。
表面をカリッと、中をジュワッと仕上げたいので、
高温で一気に揚げてください。

〈材料〉2人分

- 塩さば 片身1枚
  （一口大に切る）
- みょうが 3個
  （縦半分に切り、斜め薄切り）
- 米酢 適量
- 酒 小さじ2
- 片栗粉 適量
- 揚げ油 適量

1 塩さばに酒を振りかけてなじませ、片栗粉をまぶす。カリッと揚げる。

2 器に盛り、みょうがをのせ、酢をかける。

〈こんなお酒と〉
白ワイン（甲州、ミュスカデ）、グレーンウイスキーのソーダ割り

とうもろこしのラープ

本場・タイでは炒り米やハーブが入りますが、身近な食材でアレンジしてみました。豚肉は包丁で叩いた方が断然おいしく、より本格的に。水気が出やすいので、和えたら早めにどうぞ。

〈材料〉作りやすい分量

- 豚ロース肉150g（包丁で叩いてミンチにする）
- とうもろこし1本（芯から実を外す）
- トマト1個（さいの目に切る）
- 紫玉ねぎ1／4個（みじん切り）
- パクチー1本（2cmの長さに切る）
- にんにく1片（みじん切り）

A
- レモン果汁、ナンプラー 各大さじ1
- 一味とうがらし 小さじ1

- いりごま 大さじ1
- 酒 大さじ2

1 鍋に酒と豚肉・とうもろこし・にんにくを入れて火にかけ、酒で炒めるようにして火を通す。

2 ボウルに**1**と残りの野菜・**A**・いりごまを入れてやさしく和える。

〈こんなお酒と〉
ロゼワイン、白ワイン（インドのゲヴュルツトラミネール）

とうもろこしとマンゴーの和え物

ビタミンカラーに元気をもらえるひと皿です。
とうもろこしとマンゴーの甘さを黒こしょうでピリッと引き締めて。
ピタパンなどにたっぷり詰め、ハムなどを添えるのもオススメ。

〈材料〉2人分

- とうもろこし1本（ゆでて芯から実を外す）
- マンゴー1／2個（皮をむいてさいの目切り）
- 紫玉ねぎ1／4玉（みじん切りにし、水にさらす）
- 貝割れ菜 適量（1cmの長さに切る）

A
- ホワイトビネガー 大さじ2
- 塩 ひとつまみ
- 黒こしょう 適量
- オリーブ油 大さじ1

1 ボウルに**A**を入れてよく混ぜ、残りの材料を加えてざっくり混ぜる。

〈こんなお酒と〉
ロゼワイン、白ワイン（オーストラリアのピノ・グリ）

トウモロコシ入りふくさ焼き

つなぎの卵も小麦粉も不要!　硬めの木綿豆腐を使えば、
加熱すると再びきちんと固まるんです。返す時は、
大きめの皿をフライパンにかぶせてひっくり返し、
皿からツルンと滑らせて戻せば崩れにくいです。
多少崩れてしまっても、焼いているうちに、
きちんと最後はくっつく不思議な豆腐料理です。

〈材料〉作りやすい分量
・木綿豆腐 300g
（硬めのもの、水切りする）
・とうもろこし 2本
（ゆでて芯から実を外す）
・三つ葉 1束
（2cmの長さに切る）
A
・砂糖 大さじ1
・塩、薄口しょうゆ
各小さじ1
・ごま油 大さじ1と1/2

1 木綿豆腐と**A**をフードプロセッサーに入れてなめらかになるまで撹拌する。とうもろこしと三つ葉を加えてゴムべらでしっかり混ぜる。

2 卵焼き器にごま油を熱し、**1**を平らに敷き詰め、アルミホイルなどで覆って焼く。焼き目が付いたら、コテなどで側面を離してからひっくり返し、裏面を焼く。

3 三角形に切り分け、器に盛る。

〈こんなお酒と〉
白ワイン（シャルドネ、北海道のバッカス）

じゃこピーマン

ピーマンは、色が変わらない程度にさっと煮るくらいで。
冷めてもおいしいので、私はいつもたっぷり作り置きしています。
レモンを絞っても。じゃこがなければおかかでも作れます。

〈材料〉2人分
・ピーマン 3個
（縦半分に切り、ヘタと種を取り、薄切り）
・ちりめんじゃこ 20g
A
・水 100㎖
・薄口しょうゆ、酒 各大さじ1
・ごま油 小さじ1

1 鍋にごま油を熱し、ピーマンを炒める。しんなりしたらじゃことAを加え、さっと煮る。

〈こんなお酒と〉
白ワイン（ソーヴィニヨン・ブラン、カベルネ・フラン）

焼きピーマン ワイン塩で

少しだけ残った赤ワインは、こんな風に活かしてみてはいかが!?
あらゆる野菜の味付けに使え、肉の臭みも和らげてくれます。
白ワインでもお試しを。塩は安価な粗塩で充分です。

〈材料〉作りやすい分量
・ピーマン 1個
A
・赤ワイン（好みのもの） 50㎖
・塩 大さじ3

1 フライパンにAを入れて火にかけ、沸騰したら火を弱め、木べらでこそげるように混ぜる。サラサラになるまで煮詰め、火を止める。
2 ピーマンはくし切りにし、ヘタと種を取ってトースターや魚焼きグリルなどで焼く。皿に盛り、1を適量振る。

〈こんなお酒と〉
白ワイン（ソーヴィニヨン・ブラン）

パプリカのしょうが酢マリネ

パプリカはくったりとやわらかくなるまでしっかり焼くと、
甘みが引き立ちます。漬けてすぐに食べられますが、
冷蔵庫で4日ほど持つので、なじませてからもまた美味。お弁当にも!

〈材料〉作りやすい分量
・パプリカ 2個
A
・しょうが 小さじ1（すりおろし）
・米酢 大さじ2
・砂糖 大さじ1
・塩 ひとつまみ

1 ボウルにAを入れ、混ぜ合わせる。
2 パプリカは魚焼きグリルやオーブンなどで皮が真っ黒になるまで焼く。皮を取り除き、ヘタと種を取り、縦に切って1で和える。

〈こんなお酒と〉
スパークリングワイン（カヴァ）、白ワイン（日本のリースリング）

ピーマンの肉詰め焼き

卵を入れず、ヨーグルトで仕上げたさっぱりとした肉詰めです。
冷ましてお弁当にも。ケチャップなどで和えておくと
いつまでもしっとりが続きます。

〈材料〉2人分
・鶏むね ひき肉 150g
・ピーマン 3個（縦半分に切り、種とワタを取る）
・玉ねぎ 1／4個（みじん切り）
A
・豆乳ヨーグルト 大さじ1
・黒こしょう 適量
・ポン酢、からし 各適量
・塩 ひとつまみ
・オリーブ油 小さじ1

1 ボウルに鶏肉と塩を入れ、粘りが出るまで手で混ぜる。玉ねぎとAを加えて混ぜ、ピーマンに詰める。
2 フライパンにオリーブ油を熱し、肉を下にして焼く。焦げ目が付いたらひっくり返してふたをして中まで火を通す。器に盛り、好みでポン酢とからしを添える。

〈こんなお酒と〉
赤ワイン（カベルネ・ソーヴィニヨン、カベルネ・フラン）

セロリと桜海老のかき揚げ

多めの油で揚げ焼きにすればかき揚げも簡単!
衣は片栗粉が素材になじむ程度でいいので、
水の入れすぎに気を付けてください。
桜えびは釜揚げがなければ乾燥のものでもOK、
ちりめんじゃこで作ってもおいしいですよ。

〈材料〉2人分

・セロリの葉 1本分
(ざく切り)
・釜揚げ桜えび 20g
・レモン 1/4個
・片栗粉 大さじ2
・水 適量
・揚げ油(オリーブ油) 50ml

1 ボウルにセロリの葉と桜えびを入れて混ぜ、片栗粉をまぶす。衣がしっとりする程度に水を手でふりかけ、ざっくりと混ぜる。

2 フライパンに油を熱し、**1**を4等分して置いて薄く広げ、両面をこんがりと揚げ焼きする。皿に盛り、お好みでレモンを絞る。

〈こんなお酒と〉

シェリー(マンサリーニャ)、白ワイン(日本のリースリング・リオン)、スコッチウイスキー(シングルモルト)のソーダ割り

セロリと豚つくねの四川春雨

四川料理・螞蟻上樹（マーイーシャンシュー）のそぼろをつくねに！
食べ応えがあって、セロリの香りもたまりません。
セロリのほか、ニラや小松菜、にんにくの芽などでも代用できます。

〈材料〉2人分
・豚ミンチ肉 200g
・セロリ 1本
（葉と茎すべて薄切り）
・春雨（乾燥）100g
（熱湯で戻し、水気を切る）
・しょうが 1／2かけ
（みじん切り）
A
・青ねぎ 1／2本
（小口切り）
・しょうが、にんにく
各1／2かけ
・豆板醤 小さじ2
・濃口しょうゆ 大さじ2
・ごま油 小さじ2
・だし 200mℓ
・花椒（粉）適量

1 ボウルに豚肉としょうがを入れてよく混ぜ、10等分し、丸める。
2 フライパンにごま油を熱し、1を焼く。両面が焼けたらAを入れ、香りが立ったらだしと濃口しょうゆを加える。
3 沸騰したらセロリと春雨を加えて混ぜ、中火に近い弱火にして汁気がなくなるまで4分ほど煮る。仕上げに花椒を振る。

〈こんなお酒と〉
白ワイン（シャブリ、日本のシャルドネ）

セロリとえびのチビコロ春巻き

具は炒めもせず味付けもせず、生のまま巻いて揚げ焼きにするだけ！
セロリは香りが身上です。長々と加熱すると水気が出るので、
手早くきつね色に仕上げましょう。

〈材料〉2人分
・セロリ 1本
（葉と一緒に千切り）
・むきえび 10尾
（3等分に切る）
・春巻きの皮 適量
・揚げ油 100mℓ
・塩 適量

1 春巻きの皮を十字に4等分に切り、セロリとむきえびを中央にのせて春巻きのように巻き、閉じ口に水（分量外）を少量付けて閉じる。
2 フライパンに油を熱し、転がしながら手早く揚げ焼きする。器に盛り、塩を振る。

〈こんなお酒と〉
白ワイン（ソーヴィニヨン・ブラン、リースリング）、スパークリングワイン（リースリング）

ズッキーニとコンテのポテトサラダ

生のズッキーニは、コリコリッとした
食感がきゅうりとそっくり。
ポテトサラダにこのズッキーニの
塩もみはもってこいなんです。
酢の物にも応用できますよ。

〈材料〉2人分

- じゃがいも 1個
- ズッキーニ 1／3本
（薄切りにし、塩小さじ1／2で塩もみする）
- 紫玉ねぎ 1／4玉
（薄切りにし、水にさらす）
- コンテチーズ 20g

A
- 豆乳ヨーグルト 大さじ2
- オリーブ油 大さじ1／2
- 塩、からし、レモン果汁 各小さじ1／2

- 黒こしょう 適量

1 じゃがいもは水からゆで、皮をむいてボウルに入れて潰し、**A**を加えてよく和える。

2 ズッキーニ・紫玉ねぎ・黒こしょうを**1**に加えて和える。器に盛り、コンテチーズを上から削る。

〈こんなお酒と〉
白ワイン（コルテーゼ）、赤ワイン（サンジョベーゼ）

ズッキーニと鶏むね肉のうろこ焼き

スライスしたバゲットにのせてアペリティフとしていかがでしょう。
オリーブ油を素材に絡めてから焼くと、パサパサになりません。
仕上げにレモンを絞るのもいいですね。

〈材料〉作りやすい分量
・ズッキーニ 1／2本
（縦半分に切り、薄切り）
・鶏むね肉 200g
（そぎ切り）
A
・塩、黒こしょう、
オリーブ油 各適量

1 ボウルにズッキーニ・鶏肉・Aを入れてよく和え、耐熱容器にうろこのように並べる。さらにオリーブ油を回しかけ、魚焼きグリルやオーブンで焼き目が付くまで焼く。

〈こんなお酒と〉
白ワイン（シャルドネ、リースリング）、赤ワイン（ガメイ）

ズッキーニとカチョカバロのソテー

フッ素樹脂加工のフライパンを使うとうまく焼けますよ。
油は引かず、チーズから出てくる油をズッキーニに絡めて焼きます。
ズッキーニに火が通る頃にはカチョカバロがほどよくとろ〜り。

〈材料〉2人分
・ズッキーニ 1／3本
（1cm幅の輪切り）
・カチョカバロチーズ 30g
・黒こしょう 適量

1 フライパンにズッキーニとカチョカバロを置いて火にかけ、カチョカバロから出てくる油をズッキーニに絡めながら焼く。

2 ズッキーニが透き通り、カチョカバロがこんがりと焼けたら皿に盛り、黒こしょうを振る。

〈こんなお酒と〉
白ワイン（甘めのシュナン・ブラン）

ズッキーニとにんにくのあんかけ

ズッキーニを和風に仕上げてみるのはいかがでしょう?
あえて夏場にあんかけをいただくのも
胃がほっこりしていいものです。
熱いうちに、できたてをどうぞ。

〈材料〉2人分

・ズッキーニ 1本
（2㎝幅に切る）
・にんにく 1片（薄切り）

A
・だし 300㎖
・薄口しょうゆ、酒 各小さじ1／2

・片栗粉 適量
（同量の水で溶く）

1 鍋にズッキーニ・にんにく・**A**を入れて火にかける。沸騰したら火を弱め、ズッキーニがやわらかくなるまで煮る。

2 片栗粉を入れ、とろみがついたら火を止める。

〈こんなお酒と〉

ぬる燗、白ワイン（甘口のもの）、スパークリングワイン（アスティ・スプマンテ）

糸こんにゃくとししとうの煮物

冷まして味がなじんだ糸こんにゃくのおいしさは格別！
「これでまずは一杯やってて」と小鉢で出てくるとうれしいですよね。
3〜4日持つので、たくさん作って常備菜に。お弁当にもぴったり！

〈材料〉作りやすい分量
- 糸こんにゃく 200g
（ゆでて適当な長さに切る）
- ししとう 5本
（ヘタを取って横半分に切る）
- ごま油 大さじ1

A
- ちりめんじゃこ 10g
- だし 150㎖
- 酒、濃口しょうゆ、
みりん 各大さじ2
- 砂糖 小さじ1／2

1 鍋にごま油を熱し、ししとうと糸こんにゃくを入れて炒め、**A**を入れる。

2 煮立ってきたら弱火にし、煮汁が半量になったら火を止める。

〈こんなお酒と〉
ぬる燗、赤ワイン（カベルネ・フラン）

ズッキーニの肉みそ田楽

肉みそが焦げる頃、ちょうどズッキーニに火が通るように、
薄めにスライスしてください。さらにシュレッドチーズをのせたり、
なすやオクラなどに代えたり、アレンジもできますよ。

〈材料〉作りやすい分量
- ズッキーニ 1本
（1㎝幅に輪切り）
- 鶏ひき肉 100g
- 青ねぎ 適量（みじん切り）
- いりごま、木の芽（あれば）
適量

A
- 卵黄 1個分
- 一味とうがらし 適量
- 赤みそ、砂糖 各大さじ2
- 酒 大さじ1

1 ボウルに鶏肉・青ねぎ・**A**を入れてよく混ぜる。

2 ズッキーニの断面に**1**をのせ、魚焼きグリルやトースターでこんがり焼き、いりごまや木の芽を飾る。

〈こんなお酒と〉
赤ワイン（ナパ・バレーやオレゴン産などの力強いピノ・ノワール、濃いめのマスカット・ベリーA）、山崎のソーダ割り

焼き厚揚げ お肉と生万願寺とうがらしのせ

万願寺とうがらしは焼くと甘みが増しますが、
目先を変えて生の青々しさをいただくのもまたオツなもの。
厚揚げは油を引かずに焼いてOKですよ。

〈材料〉2人分
- 厚揚げ 2枚
- 牛切り落とし肉 100g

A
- オイスターソース、濃口しょうゆ、紹興酒(日本酒でも可) 各小さじ1

- 万願寺とうがらし 1本 (ヘタを取って小口切り)
- ごま油 大さじ1

1 厚揚げはフライパンでこんがり焼き、一口大に切り、器に盛る。

2 空いたフライパンにごま油を熱し、牛肉を炒める。半分ほど火が通ったら**A**を入れて手早く絡める。火が通ったら**1**にかけ、万願寺とうがらしをのせる。

〈こんなお酒と〉
紹興酒、シェリー、ヴァンジョーヌ

ラム肉の万願寺とうがらし詰めソテー

ラム肉がなければ牛肉、万願寺とうがらしがなければ
ピーマンでも代用できます。酸味がよく合うので、
バルサミコ酢やレモンを絞ってあつあつを召し上がれ。

〈材料〉作りやすい分量
- ラム肉 200g (包丁で細かく叩く)
- 万願寺とうがらし 8本 (切り込みを入れる)

A
- クミンシード 小さじ1
- 塩 小さじ1/2
- にんにく 1片 (みじん切り)
- 黒こしょう 適量

- バルサミコ酢 適量
- オリーブ油 大さじ1

1 ボウルにラム肉と**A**を入れて手でよく混ぜ、万願寺とうがらしに詰める。

2 フライパンにオリーブ油を熱し、**1**を並べ、ふたをして焦げ目が付くまで焼く。

3 皿に盛り、バルサミコ酢をかける。

〈こんなお酒と〉
赤ワイン(カベルネ・ソーヴィニヨン)

万願寺とうがらしのフェタチーズ詰め

万願寺とうがらしのワタや種は
取らなくてもおいしくいただけます。
フェタチーズの味を見て、
クリームチーズとの割合を加減してください。
万願寺とうがらしがしんなり焼けたら完成です。

〈材料〉2人分
- 万願寺とうがらし 4本
（縦に切り込みを入れる）
- クリームチーズ 80g
- フェタチーズ 20g
- 七味とうがらし 適量
- オリーブ油 適量

1 ボウルにフェタチーズを入れてフォークなどでほぐし、クリームチーズと七味とうがらしを加えてよく混ぜ、万願寺とうがらしに詰める。

2 魚焼きグリルやトースターで**1**をこんがりと焼き、皿に盛る。オリーブ油を回しかけ、七味を振る。

〈こんなお酒と〉
赤ワイン（カベルネ・フラン、カベルネ・ソーヴィニヨン）、白ワイン（ソーヴィニヨン・ブラン）

ゴーヤの酒盗炒め

塩気は酒盗のみ。炒めすぎると
歯ごたえがなくなりますので、短時間で。
お弁当にもいいですね。
酒盗は和のアンチョビ。
なければもちろんアンチョビでどうぞ。

〈材料〉2人分
- ゴーヤ1／2本
（縦半分に切ってワタを取り、薄切り）
- 赤とうがらし1／2本
（小口切り）

A
- 紹興酒 小さじ2
- 酒盗 小さじ1

- ごま油 大さじ1／2

1 フライパンにごま油と赤とうがらしを入れて火にかける。温まったらゴーヤを入れて炒める。

2 Aを入れて手早く混ぜ、皿に盛る。

〈こんなお酒と〉
紹興酒、ビール、ジャパニーズウイスキー（ブレンデッド）のソーダ割り

すいかの皮とベビーリーフのごまサラダ

少し赤い部分を残したすいかの皮を刻んでサラダの具に!
すいかの漬物からひらめいたレシピです。
甘酸っぱさがベビーリーフにぴったりなんです。

〈材料〉2人分
・すいかの皮 1/8玉分
・ベビーリーフ 2パック
・パプリカ 適量(薄切り)
A
・だし、ねりごま、米酢、ごま油 各大さじ2
・薄口しょうゆ 小さじ2

1 赤い部分を少しだけ残したすいかの皮は、外皮をむき、白い部分を拍子木切りにする。
2 ボウルにAを入れてよく混ぜ、すべての野菜を加えてやさしく和える。

〈こんなお酒と〉
冷酒

豚巻きゴーヤの南蛮漬け

たっぷり作ってサラダ感覚でもりもり食べてください。
4日ほど持つので、味の経過を楽しめるのも南蛮漬けの魅力。
ヤングコーン、ズッキーニなどを巻いても◎。汁気を切ってお弁当にも!

〈材料〉作りやすい分量
・ゴーヤ 1本(縦半分に切ってワタを取り、1cm幅に切る)
・豚ロース肉 薄切り 200g
・玉ねぎ 1/2個(5mm幅の半月切り)
・トマト 1個(くし切り)
・パプリカ 1/2個(縦半分に切ってヘタと種を取り、薄切り)
A
・だし 200mℓ
・赤とうがらし 適量(小口切り)
・米酢 大さじ5
・薄口しょうゆ 大さじ4
・砂糖 大さじ3
・塩、片栗粉、ごま油 各適量

1 鍋にAと玉ねぎを入れて火にかける。沸騰したら火から下ろして冷まし、トマトとパプリカを加える。
2 ゴーヤに塩を振った豚肉を巻き、片栗粉をまぶす。ごま油を熱したフライパンで閉じ口を下にして焼く。熱いうちに1に漬け、1時間ほど冷蔵庫で冷やす。

〈こんなお酒と〉
ロゼワイン、スパークリングワイン(黒ぶどうを多く使ったもの)

桃のアールグレイ風味

白桃はやわらかくみずみずしいものを。
皮をむく時に滴り落ちる果汁をボウルで
受けて、それも一緒に和えてください。
茶葉はあえてティーバッグ入りの
細かい茶葉のものをお使いください。
舌に残らず食べやすいんです。

〈材料〉2人分
- 白桃 1個
（皮をむき、一口大に切る）
- アールグレイの茶葉 適量
（ティーバッグのもの、袋から出す）
- 白ワイン 大さじ1
- ミントの葉 適量

1 ボウルにすべての材料を入れてやさしく和え、器に盛る。あればミントの葉を飾る。

〈こんなお酒と〉
スパークリングワイン（甘口のものやシャンパーニュ）、白ワイン（甘めのピノ・グリやシュナン・ブラン）

いちじくときゅうりの酢の物

いちじくの甘さときゅうりのさわやかさが合わさり
秋の訪れを感じさせる一品に。
りんご酢やホワイトビネガーで作っても食べやすいです。

〈材料〉2人分
・いちじく 2個
(皮をむき、くし切り)
・きゅうり 1本(薄切り)
A
・しょうが 小さじ1
(すりおろし)
・米酢 大さじ2
・砂糖 大さじ1
・塩 小さじ1／3

1 Aをボウルに入れ、よく混ぜる。
2 別のボウルにきゅうり・塩を入れてもんで絞り、1にいちじくとともに入れ、やさしく和える。

〈こんなお酒と〉
冷酒

桃ジャムとリコッタ

熟れ過ぎた桃は砂糖を加えず大人なジャムに。
切っている時に滴る果汁も残さず入れて煮てくださいね。
カルダモンの香りは加熱すると強まるので控えめに入れてください。

〈材料〉2人分
・完熟の桃 1個
(皮をむき、さいの目切り)
・リコッタチーズ 大さじ4
A
・レモン果汁 大さじ1
・カルダモンシード 適量
・ブランデー 大さじ1

1 桃とAを鍋に入れ、焦げないように弱火でふつふつとするまで煮て火を止める。冷めたらブランデーを入れて混ぜる。
2 器にリコッタチーズを盛り、1をかける。

〈こんなお酒と〉
スパークリングワイン、白ワイン
(ヴィオニエ)

いちじく田楽

みそに甘みがほしい場合は酒を
みりんに変えて。このみそは、アボカドや
こんにゃく、生麩などに合わせても!

〈材料〉2人分
・いちじく 2～3個
（横半分に切る）
A
・白みそ 大さじ2
・酒 小さじ1

1 Aをよく混ぜ、いちじくに塗り、魚焼きグリルやトースターで軽く焦げ目が付くまで焼く。

〈こんなお酒と〉
ぬる燗、ジャパニーズウイスキー（シングルモルト）の水割り（薄め）

いちじくの白和え

木綿豆腐は水切りをせず、そのままフードプロセッサーに入れるだけ。
豆腐の甘みがきちんとわかるなめらかな和え衣ができますよ。
この和え衣、トーストに塗ってもおいしいんです。

〈材料〉作りやすい分量
・いちじく 3個
(皮をむき、一口大に切る)
・くるみ 適量
A
・木綿豆腐 200g
・ねりごま、砂糖 各大さじ1
・薄口しょうゆ 小さじ1／2
・塩 小さじ1

1 フードプロセッサーにAを入れ、なめらかになるまで撹拌する。
2 器にいちじくを盛り、1をかけ、くるみを飾る。

〈こんなお酒と〉
キンキンに冷えたロゼのシャンパーニュ、白ワイン(ヴィオニエ、アルザスのミュスカ)

いちじくのごま和え

甘くねっちりしたいちじくとごまが驚くほどよく合います!
ごまは香ばしさと歯ごたえを残すべく、半分ほどすってください。
塩は入れすぎると台なしになるので、隠し味としてほんの少しだけで。

〈材料〉作りやすい分量
・いちじく4個
(皮をむき、一口大に切る)
・三つ葉 1束(さっとゆで、2cmの長さに切る)
・いりごま 大さじ1
・塩 耳かき1杯ほど

1 すり鉢にいりごまを入れてすり、残りの材料を加え、ゴムべらでやさしく混ぜる。

〈こんなお酒と〉
冷酒、ロゼのシャンパーニュ

いちじくと豚肉の焼酎焼き

油を引かず、豚から出る脂でいちじくを焼いてください。
いちじくは硬めのものを使うと崩れずにうまく焼けますよ。
焼酎を注ぐ時、引火しないように一旦フライパンを火から外して。

〈材料〉2人分
- いちじく 2個
（皮のまま3等分に輪切り）
- 豚肩ロース肉 トンテキ用
1枚（適当な大きさに切る）

A
- 濃口しょうゆ、みりん、
焼酎 各大さじ1

1 フライパンを熱し、豚肉を焼く。脂が出てきたら、いちじくを加えて焼く。

2 豚肉に8割ほど火が通ったら、Aを入れ、手早く煮絡める。お好みでからし（分量外）を添える。

〈こんなお酒と〉
芋焼酎ロック

切り干し大根の梅和え

切り干し大根がなじむよう、だしの量を加減してください。
冷蔵庫で3日ほど持ちます。貝割れ菜やルッコラ、セロリなどの
青みを加えても。梅は必ずしょっぱいものを選んでくださいね。

〈材料〉作りやすい分量
- 梅干し 1個
（種を取り、包丁で叩く）
- 切り干し大根（乾燥）50g
（水で戻し、絞って適当な長さに切る）
- 青じそ 10枚（手で裂く）
- 鶏ささみ肉 1本
（さっとゆで、手で割く）

A
- だし 大さじ3
- みりん 大さじ1

- いりごま、一味とうがらし
各適量

1 ボウルに梅干しとAを入れてよく混ぜる。

2 切り干し大根を**1**に入れて和え、青じそと鶏肉を入れ、いりごまと一味を振り、ざっくりと混ぜる。

〈こんなお酒と〉
白ワイン（甲州）、赤ワイン（ピノ・ノワール）

かつおのたたきと紫玉ねぎのタルタル

色合いが気に入ってますが、紫玉ねぎがなければ
普通の玉ねぎでもおいしくできます。
冷奴のトッピングにしてもおいしいんです。

〈材料〉4人分
・かつおのたたき100g
（1㎝のさいの目切り）
・紫玉ねぎ1／2個
（みじん切りし、水にさらす）
A
・レモン果汁1／4個分
・にんにく1／2片
（すりおろし）
・塩、黒こしょう 適量
・オリーブ油 大さじ3

1 ボウルに紫玉ねぎ、Aを入れてよく混ぜ、かつおのたたきを加えて優しく和える。

〈こんなお酒と〉
冷酒、白ワイン（ガルガーネガ）、ジャパニーズウイスキー（シングルモルト）のソーダ割り（軽くレモンを絞って）

梅干しと酒盗のおつまみ

梅干しはぜひしょっぱめのものを選んで。混ぜ合わせてもよし、
それぞれをちびちび舐めてもよし、思い思いの食べ方でどうぞ。
おにぎりの具にしても、またこれが素晴らしいおいしさなのです。

〈材料〉作りやすい分量
・梅干し1個
・酒盗 小さじ1
・白ねぎ 適量（小口切り）
・わさび 小さじ1／2
・ごま油 小さじ1／2

1 器にすべての材料を盛る。

〈こんなお酒と〉
ぬる燗、赤ワイン（ピノ・ノワール）、白ワイン（日本の山ぶどう）

賀茂なすのたたき

揚げずに焼くのでとってもヘルシーです。
オリーブ油で焼くと
洋風のたたきになりますよ。
あつあつも、冷やしたものも、
どちらもおすすめです。

〈材料〉2人分
・賀茂なす 1個（ヘタを落とし、1㎝の幅の半月切り）
・ごま油 大さじ3
A
・大根おろし 1カップ分（水気を軽く切る、あれば鬼おろし）
・しょうが 1かけ（すりおろし）
・九条ねぎ 1本（小口切り）

B
・すだち果汁 1個分
・濃口しょうゆ 大さじ1

1 フライパンに賀茂なす、ごま油を入れてざっくり和え、油が絡まったら火にかけ、火が通るまで焼く。
2 器に盛り、Aを全体にかけ、Bをまわしかける。

〈こんなお酒と〉
白ワイン（甲州）

賀茂なすのステーキ

シンプルがゆえに賀茂なすの甘みがよくわかります。
先に油を絡めてから焼くと、油を無駄に使う必要がなくヘルシーです。
お好みでポン酢やみそを塗っても。なすは焼く直前に切ってください。

〈材料〉2人分
・賀茂なす 1／2個（ヘタを落とし、2等分に輪切り）
・すだち 1個
・しょうが 1／2かけ
（すりおろす）
・塩 適量
・太白ごま油 適量

1 賀茂なす全体にごま油を絡め、フライパンで中火に近い弱火でじっくりと両面を焼き器に盛る。塩を振り、しょうがをかけ、すだちを添える。

〈こんなお酒と〉
すだちを絞った焼酎ロック、白ワイン（辛口中程度の甲州）、グレーンウイスキーの水割り（すだちを少し絞る）

賀茂なすの翡翠煮

小まめにアクと油をすくいながら煮て、冷蔵庫でしっかり冷やすと、
コクがあるのにさっぱりとした品のよい一品が完成しますよ。
緑なすや長なす、米なす、丸なすでも代用できます。

〈材料〉作りやすい分量
・賀茂なす 1個（ヘタを落として皮をむき、くし切り）
・しょうが 適量
（皮のまますりおろし、絞る）
・かつお節 20g
（お茶パックなどに入れる）
A
・だし 500ml
・薄口しょうゆ、みりん 各小さじ1
・塩 小さじ1／2
・揚げ油 適量

1 賀茂なすをきれいな緑色になるまで揚げ、バットに上げる。

2 鍋に1・かつおパック・Aを入れて火にかける。沸騰したら火を弱め、油とアクを小まめにすくいながら10分ほど煮て火を止め、かつおパックを取り出す。そのまま冷まし、しょうがの絞り汁を加え、冷蔵庫で冷やす。

〈こんなお酒と〉
白ワイン（甲州）

蒸しなすのしょうがごま和え

私にとってこれぞ夏のおかず！ 幼少より親しんできた祖母の味です。
冷やしたものをあつあつのご飯にドサッとのせて
かきこむように食べてもおいしい。たっぷり作って常備菜に。

〈材料〉作りやすい分量

- 長なす 3本
- いりごま 大さじ4

A
- しょうが 1かけ（すりおろし）
- だし、薄口しょうゆ 各大さじ1

1 すり鉢にいりごまを入れてすり、**A**を入れてなじむまでする。

2 なすはヘタを落とさず蒸し器で8分ほど蒸し、一口大に切り分け、**1**に加えてやさしく混ぜ、冷蔵庫で冷やす。

〈こんなお酒と〉
冷酒、赤ワイン（軽めのメルロー、ツヴァイゲルトレーベ）

焼きなすとゆで鶏のごま和え

皮にシワが寄るまでこんがりと焼くと、
中まで火が通ったサイン。香ばしさが大事なので、
水につけたりせずに、皮をむいてください。

〈材料〉2人分

- 長なす 2本
- ゆで鶏（むね肉）1枚
（P140参照、割く）
- ゆずの皮 適量

A
- ねりごま 大さじ2
- 薄口しょうゆ 大さじ1強
- だし 大さじ4
- いりごま 大さじ4

1 すり鉢にいりごまを入れてすり、**A**を加えてさらにすり、少しずつだしを加えてなじませる。

2 長なすは魚焼グリルなどで焼き、熱いうちに皮をむき、適当な大きさに切る。

3 **1**をゆで鶏とともに皿に盛り、**1**をかけ、ゆずの皮をおろしかける。

〈こんなお酒と〉
白ワイン（シャルドネ）

〈材料〉2人分

- 長なす 2本
- 牛ロース肉 ミニステーキ用 1枚200g(常温に戻す)
- オリーブ油 大さじ1
- 大根おろし 1/2カップ分(あれば鬼おろし)
- すだち 1個(なければ好みの柑橘)
- ミント 適量

A
- にんにく 1片(すりおろし)
- 濃口しょうゆ、酒 各大さじ1

1 長なすは魚焼きグリルでこんがりと焼き、熱いうちに皮をむき、一口大に切って器に盛る。

2 フライパンにオリーブ油を熱し、牛肉を両面こんがりと焼く。アルミホイルに包み、冷めたら好みの厚さにそぎ切りし、**1**に盛り、大根おろしを添える。

3 空いたフライパンにアルミホイルに溜まった肉汁と**A**を入れて火にかけ、アルコールが飛んだら**2**に回しかけ、すだちを絞り、ミントを飾る。

〈こんなお酒と〉
赤ワイン(ピノ・ノワール、マスカット・ベリーA、カベルネ・ソーヴィニヨン)、白ワイン(甲州)

焼きなすと牛たたきのおろし和え

オーブン不要、フライパンひとつでできる牛たたきです。
ミニッツステーキやサイコロステーキも同じやり方で作れますよ。
肉汁も一緒に煮詰めると、本格的なソースの完成です。
冷めてもおいしいので前もって作っておけて、
ホームパーティにももってこいです。
ミントの代わりに青じそやイタリアンパセリでも。

column　酒呑み春秋。

私の晩酌日記

「簡単なのに気が利いている」、私のモットーが現れたリアルな晩酌たちをご覧ください。晩ごはんの余り物や、残った食材、常備菜でチャチャッと食後の晩酌を作るのもまた、料理好きの腕が鳴ります。おいしいお酒があるんですから、おつまみも納得のいくものを作ってお酒にきちんと敬意を払いたい（笑）。今夜の気分に合ったお酒を、お気に入りの酒器に注いで、お気に入りの音楽をかけ、気ままに作るこの晩酌タイムが、私にとって至福のひととき。時折、「あら？　こんなものできちゃった」っていう驚きや発見があるのは、アルコールが入ったからこその巧妙というもの。さて、今夜はどんなおいしいレシピとの出会いがあるでしょうか。

今年の桜の開花は早かった。近所の公園から聞こえてくる宴の喧騒が今夜のBGM。好きやわぁ、この空気。各地の山菜をアテに、冷えたビールをグビリ。のびるのしょうゆ漬けは明日以降が食べ頃。

神戸・六甲の生徒様の手みやげのカマンベールチーズがいい具合に熟したので、表皮をスライスし、トースターでこんがりと炙ってトロトロに。スライスオニオンをのせてシャルドネで飲んでる。

近頃ハマッている「天隠」を開ける時の幸福さ。お相手は加賀れんこんに片栗粉を薄くまとわせて揚げたものに塩こしょう、丹波篠山の原木しいたけを焼いて浸し地（P44）大根おろしをかけたもの。

芥川龍之介の『杜子春』を読みながら、マグロの切り落としに生のりをごま油とわさびで和えたものを添え、柿ピー、焼きなすと、「緑川」でしっぽり。純文学と日本酒の組み合わせって、深い。

「秋味」出ました。この日ばかりは錫のビアカップに丁寧に注ぐ。らっきょの明太子和え、青じそちりめん（P43）、めかぶとろろ、生ハム代わりに鮭の酒浸しをグリーンリーフに添えたもの。贅沢。

葉とうがらしの煮物、オイルサーディンのレモンコンフィ添え（皮ごと薄切りにして低温のオリーブ油で煮ただけ）、エメンタール、いちじくゴルゴンゾーラに「浦霞」ひやおろし。罪な組み合わせ。

「賀茂鶴」蔵出し原酒に、ポン酢に1週間漬けただけの「カッパのほったらかし」で晩酌。一口残った冷奴を厚揚げにし、しょうゆをジュッとたらしたもの、トマトと鯵のお造りをゆず酢和えも。

本日はハロウィンらしい。京都にいるとその高揚感があまり…なれど、せめて晩酌の時だけでもと、菊菜とかにいくらのおひたし（P45）、しらさえびのお頭・溺れみそ汁ゾンビ仕立てに「春鹿」。

「黒ラベル2017限定醸造」に白滝の実山椒と明太子和え、お精進ラタトゥイユ（P116）、塩もみ大根をキムチの残り汁に漬けたカクトゥギ風、納豆。銭湯で汗を流してからの一杯はオトナの特権です。

京都・寺町三条［三嶋亭］の牛すじをじっくり下ゆでする秋の夜長。まずはゆでたてに大根おろしとゆずを絞って九条ねぎをパラリ。サッポロ赤星をキュッと一口、ハフハフ頬張りまた一口。旨い。

蕎麦店を営む生徒様が大阪からキジ肉を担いで来てくれた。からあげのように下味をつけ（P109参照）küi&chipsにして黒ビールと合わせたら大正解。これ、英国人にはどういう反応がもらえる!?

心地よい酸味のある「稼ぎ頭」とカリフラワーのカレーマリネがよく合うことを知って、おちょこ片手に小躍り。この喜び、世の酒呑みたちにお教えして周りたい。お酒を飲むと心が大きくなる。

芋焼酎水割りには、3日間塩漬けにした鶏肉を今かとばかりに香ばしく焼いて、ゆずをギュッと絞ったものと、お口直しはアツアツ焼きバナナにロックフォール。辛甘のコントラストがたまらない。

「立山」に合わせるはからし蓮根（P126）と三つ葉と湯葉のお浸し。沖仁さんの奏でるギターの調べにうっとりと酔いしれているところにからしの痛烈な辛さで目を覚ます。そしてまた飲む。

たまに食べたくなる納豆揚げ。今夜がまさしくその日であった。たれとからし、粉を少量入れて混ぜ、ちょっと焦げた? 危ない? のハラハラするタイミングで引き上げ。酔いも覚める。だからまた飲む。

洋梨のカレーサラダ

塩もみ不要！ 袋の中でなじませるだけ。
歯ごたえのある作りたても、
しばらく置いてしんなりしたものも、
どちらもオススメです。
カレー粉の調理をするときはポリ袋を使うようにすると
台所や食器に色が付かなくて便利ですよ。

〈材料〉4人分
・洋梨 1／4個
・にんじん、きゅうり 各30g
・大豆の水煮 30g
A
・カレー粉 小さじ1
・薄口しょうゆ 小さじ1／2

1 洋梨、にんじんは皮をむき、きゅうりとともに5㎜のさいの目に切る。

2 ポリ袋にAを入れて口を閉じ、振って混ぜ、すべての野菜を入れ、袋の上からなじませる。

〈こんなお酒と〉
白ワイン（ゲヴュルツトラミネール）、ビール

梨に酒粕

酒粕は板粕ではなくスプーンで
すくえるような硬さのもので。
ほのかに日本酒の香りがすればいいので、
添える量はほんの少し。
酒粕をチーズのような感覚で使ってみると
レパートリーが増えますよ。

〈材料〉2人分
・梨(お好みの品種で)
1／2個(一口大に切る)
・酒粕(ゆるめのもの) 適量

1 皿に梨を盛り、酒粕を添える。

〈こんなお酒と〉
冷酒

洋梨とブラータチーズのサラダ

ブラータチーズ以外にも、
リコッタやモッツァレラでもどうぞ。
生ハムを添えるのも良さそうですね。

〈材料〉2人分
- 洋梨 1個（皮をむき、芯を取り、一口大に切る）
- ブラータチーズ 1個（適当な大きさに切る）
- ピンクペッパー 適量

1 洋梨を皿に盛り、ブラータチーズをのせ、ピンクペッパーを散らす。

〈こんなお酒と〉
シードル、シャンパーニュ

すりおろしの洋梨とサワークリーム ウイスキーの香り添え

すりおろしただけですが、口直しに出すと「キャア!」と
うれしい声が上がります。凍らせてからすりおろしても。
メロンや桃、マンゴーなどでもお試しください。

〈材料〉2人分
- 洋梨 1/2個（皮をむき、芯を取り、すりおろす）
- サワークリーム 大さじ2（クリームチーズでも）
- ウイスキー 小さじ1/2

1 サワークリームを器に盛り、洋梨をかけ、ウイスキーを回しかける。

〈こんなお酒と〉
スコッチウイスキー（シングルモルト）のソーダ割り

さんまとまいたけの春巻き

フィンガーフード的な春巻きです。
秋を巻くから、秋巻きでしょうか。
まいたけの水気が出てこないうちに、
強火で手早く揚げ焼きしてください。
オリーブ油で揚げるのもオススメです。

〈材料〉2人分
・まいたけ 1／3株（手でほぐす）
・さんま 1尾（3枚におろしたもの、一口大に切る）
・春巻きの皮 適量（十字に切る）
・塩 適量
・揚げ油 適量

1 さんまに塩を振り、まいたけとともに春巻きの皮で好みの形に包み、多めの油で転がしながら揚げ焼きする。

〈こんなお酒と〉
白ワイン（シャルドネ）、ジャパニーズウイスキー（シングルモルト）のハーフロック

しいたけと玉ねぎの炒め物 たっぷりのパクチー添え

しいたけが油を吸ってまた油を足したくなりますが、グッとこらえて。火が通る頃にはしいたけの笠がツヤッとするはず。このタイミングで薄口しょうゆを。油っぽくならず、生き生きとした炒め物の完成です！

〈材料〉2人分
- しいたけ 3個（石づきを取り、一口大に切る）
- 紫玉ねぎ 1／4個（一口大に切る）
- パクチー 適量
- にんにく 1／2片（薄切り）
- 赤とうがらし 1／2本
- 薄口しょうゆ 小さじ1
- ごま油 大さじ2

1 フライパンにごま油・にんにく・赤とうがらしを入れて火にかける。香りが立ったら紫玉ねぎを入れ、油が回ったらしいたけを加えて炒める。

2 火が通ったら、薄口しょうゆを回しかけ、手早く混ぜ、火を止める。パクチーを加えてざっと混ぜ、器に盛る。

〈こんなお酒と〉
ビール、白ワイン（ゲヴュルツトラミネール）、スコッチウイスキー（ブレンデッド）またはジャパニーズウイスキー（ブレンデッド）のソーダ割り

マッシュルームと島らっきょ

マッシュルームのおいしい食べ方はやっぱりこれ。島らっきょがなければ、エシャレットや玉ねぎでも代用できます。切ったらすぐに和えて食卓へ。パスタに絡めてもいいですね。

〈材料〉2人分
- ブラウンマッシュルーム（大きめのもの）2個（薄切り）
- 島らっきょう 4個（みじん切り）

A
- ホワイトバルサミコ酢 小さじ2
- 塩、黒こしょう 各適量
- オリーブ油 大さじ1

1 ボウルに島らっきょうとAを入れてよく混ぜ、マッシュルームを入れてざっくり混ぜる。

〈こんなお酒と〉
白ワイン（樽香のあるシャルドネ）、赤ワイン（サンジョベーゼ）

えのきのレモンバターソテー

えのきって、焼くとたちまちブワッと旨みが爆発します。細かく刻むより、束に割いて食べごたえを重視して。焦げやすいので注意してくださいね。10分もあれば完成!

〈材料〉2人分
- えのきだけ 1束（根元を切り、等分に裂く）
- レモン 適量
- 刻みのり 適量
- 発酵バター 大さじ2
- 濃口しょうゆ 小さじ1／2

1 フライパンに発酵バターを置いて火にかけ、溶けたらえのきを入れて炒める。

2 しんなりしたら濃口しょうゆを入れて絡め、火を止める。皿に盛り、レモンを絞り、刻みのりを飾る。

〈こんなお酒と〉
ビール、白ワイン（樽香のあるシャルドネ）

ゆで落花生のペペロンチーノ

生の落花生が手に入ったらぜひお試しください!
圧力鍋だと15〜20分でゆで上がりますよ。
生がなければ煎り落花生にそのままかけても。
ナッティな香りとにんにくの香りが
最高によく合うおつまみに!

〈材料〉2人分
- 生落花生 10個(さや付き)
- イタリアンパセリ 適量(みじん切り)

A
- にんにく 2片(薄切り)
- 赤とうがらし 1/2本(小口切り)
- オリーブ油 大さじ5

- 塩 小さじ1
- 水 適量

1 鍋に落花生と塩を入れ、かぶる程度の水を注ぎ、やわらかくなるまで約40分ゆでる。殻を半分に割り、皿に盛る。

2 フライパンに**A**を入れて火にかけ、にんにくの香りが立ってカリッとしたら**1**に油ごと回しかけ、イタリアンパセリを散らす。

〈こんなお酒と〉
ビール、赤ワイン(ガメイ)

かぼちゃそぼろあんかけ

かぼちゃは煮崩れしないようじっくりと火を入れてください。
ひき肉は、かぼちゃを崩さないよう注意して菜箸でほぐしてください。
しょうがの効いたアツアツのあんかけのおいしさは格別です。

〈材料〉2人分
- かぼちゃ 250g（ワタを取り、一口大に切る）
- 鶏むね ひき肉 50g
- しょうが 1かけ（みじん切り）

A
- だし 300mℓ
- 砂糖、薄口しょうゆ、みりん 各大さじ1
- 片栗粉 適量（同量の水で溶く）

1 鍋にAとかぼちゃを入れて火にかける。沸騰したら火を弱め、やわらかくなるまで10分ほど煮る。

2 1に鶏肉としょうがを加えて菜箸で肉をほぐしながら煮て、アクを取る。

3 鶏肉がそぼろ状になったら片栗粉を入れ、とろみをつける。

〈こんなお酒と〉
ぬる燗、白ワイン（甘めの甲州）、ジャパニーズウイスキー（シングルモルト）のお湯割り

かぼちゃと大豆のフムス

混ぜるだけの簡単フムスです。そら豆、枝豆、さつまいもなどの
季節の野菜に代えてもいいですね。フードプロセッサーが
空回りしたら、適宜オリーブ油を追加してください。

〈材料〉2人分
- かぼちゃ 100g（皮をむいてワタを取り、ゆでる）
- 大豆の水煮 100g
- 甘ゆばの素揚げ 適量（なければクラッカー）

A
- オリーブ油 大さじ3
- かぼちゃのゆで汁（水でもよい）大さじ3
- レモン果汁、ねりごま 各大さじ1
- 塩、クミンシード 各小さじ1／2

1 フードプロセッサーに、かぼちゃ・大豆・Aを入れ、なめらかになるまで攪拌する。

2 器に盛り、甘ゆばを添える。

〈こんなお酒と〉
白ワイン（リースリング）赤ワイン（カベルネ・ソーヴィニヨン、カベルネ・フラン）

栗の渋皮揚げ

カリッサクッと揚げたビターな味わいの渋皮を、
そのままお召し上がりください。栗はホクッと甘やかです。
仕上げにバターを落としてもコクが出ておいしい!
中まで火を通すため、低温でゆっくり揚げてください。

〈材料〉2人分
・栗 6個
（鬼皮をむき、縦半分に切る）
・塩 適量
・揚げ油 （オリーブ油） 適量
（栗が浸る程度）

1 フライパンに油を入れて熱し、栗を入れて転がしながら揚げる。栗がきつね色になり、渋皮がカリッとしたらバットに上げる。

2 器に盛り、塩を振る。鬼皮を飾ってもよい。

〈こんなお酒と〉
ジャパニーズウイスキー（シングルモルト）のお湯割り

フライド安納いもバター

ねっちり甘いおいもさんも、
バターがのったらたちまちおつまみに。
食塩不使用のバターを使う場合は
好みでお塩を。
お腹の調子も良くなるから、
罪悪感も半分に!?

〈材料〉2人分
・安納いも 小3個・250g（皮のまま6等分にくし切り）
・ミックスナッツ 適量
・ドライカシス 適量（ベリー系のドライフルーツでOK）
・発酵バター 適量
・ラム酒 適量
・揚げ油 適量

1 安納いもは重ならないようにフライパンに並べ、油をひたひた程度注ぎ火にかける。勢いよくシュワシュワと音がしてきたら火を弱め、10分ほど揚げ、バットに上げる。

2 皿に盛り、お好みでラム酒を振りかけ、発酵バターをのせ、ナッツとカシスを散らす。

〈こんなお酒と〉
ラム酒、ビール、ハイボール、白ワイン（甘めのナイアガラ）、赤ワイン（北陸のヤマ・ソーヴィニヨン）、ジャパニーズウイスキー（シングルモルト）のソーダ割り（濃いめ）

にんじんのガレット

フライパンには適当に置き、
チーズが溶けてきてから形をととのえると
うまくいきますよ。出てくる油を
ペーパータオルで吸い取ると、
よりカリッと仕上がります。
ちりめんじゃこを入れても。

〈材料〉2人分
・にんじん 1本(千切り)
・シュレッドチーズ 120g
・桜えび(乾燥) 10g
・七味とうがらし 適量

1 ボウルにすべての材料を入れて混ぜ、熱したフライパンに一口大の大きさに置いて焼く。
2 チーズが溶けてきたら形をととのえ、焼き色が付いたらひっくり返し、こんがりと焼く。

〈こんなお酒と〉
ロゼワイン、ロゼのスパークリングワイン

キャロットリボンサラダ

ひらひらした姿が愛らしく、なにより、ささっと5分で作れる
手軽さが気に入っています。肉料理などの付け合せにも。
にんじん以外に、大根やズッキーニでもトライしてみて。

〈材料〉2人分
- にんじん 1／2本（皮をむき、ピーラーで薄切り）
- 黒酢、花椒 各適量

1 器ににんじんをふんわりと盛り、黒酢をかけ、花椒を振る。

〈こんなお酒と〉
白ワイン（ソーヴィニヨン・ブラン）、オレンジワイン（甲州）

ミモレット入りキャロットラペ

チーズの塩気で徐々にしんなりし、味の経過も楽しめます。
サンドイッチにして軽めのランチにもぴったり。
お弁当の隙間埋めにも。チーズはお好みのもので代用できます。

〈材料〉2人分
- にんじん 1本（皮をむいて千切り）
- ミモレットチーズ 20g（千切り、シュレッドチーズなどでも可）

A
- オリーブ油、米酢 各小さじ1
- 黒こしょう 適量
- 塩 小さじ1

1 にんじんは塩もみをし、水気を絞ってボウルに入れる。ミモレットとAを加えざっくり混ぜる。

〈こんなお酒と〉
ロゼワイン、白ワイン（シュナン・ブラン）、冷酒

大豆のサラダ フェンネルとカシューナッツのペースト和え

フェンネルの香りを存分に味わえるペーストです。パスタと絡めたり、トマトにかけたり、クラッカーに塗ったりしても。

〈材料〉作りやすい分量

・大豆の水煮 100g
・フェンネル 20g
（茎から葉を摘む）
・カシューナッツ20g

A
・にんにく 1片
・塩 小さじ1／2
・黒こしょう 適量
・オリーブ油 大さじ4

1 フードプロセッサーにフェンネル・カシューナッツ・**A**を入れ、なめらかになるまで撹拌する。

2 ボウルに大豆を入れ、好みの分量の**1**を入れて和える。

〈こんなお酒と〉
白ワイン（ソーヴィニヨン・ブラン）

ちりめん大豆あられ

お箸が止まらなくなる
おやつ感覚の一品です。
豆同士がくっつかないように菜箸で
転がしながら炒めてください。

〈材料〉2人分
・大豆の水煮 50g
・ちりめんじゃこ 10g
A
・薄口しょうゆ 小さじ1
・みりん 小さじ1
・七味とうがらし 適量
・片栗粉 大さじ2
・サラダ油 大さじ3

1 ボウルに大豆とAを入れて絡め、さらに片栗粉を加えてざっくりと和える。

2 フライパンにサラダ油を熱し、1を入れて菜箸で転がしながら炒める。全体がくっつかずカラリとしたらじゃこを加え、さらに炒める。

3 じゃこがカリッとしたら器に盛り、七味を振る。

〈こんなお酒と〉
ビール、白ワイン(樽香のする日本のシャルドネ)

柿のかぶおろし和え

甘い柿とみずみずしいかぶの相性は最高です。
和えるだけでお酒が進む一品に。三つ葉がなければ
水菜やほうれん草など、ほんの少し葉物をプラスするときれいです。

〈材料〉2人分
・小かぶ 150g
(皮のまますりおろす)
・柿(種なし) 1個(皮をむき、1.5cmのさいの目に切る)
・三つ葉 1束
(さっとゆで、2cm幅に切る)
A
・米酢 大さじ1
・薄口しょうゆ
小さじ1／4
・塩 ひとつまみ

1 ボウルに小かぶと**A**を入れて混ぜ、柿と三つ葉を加えてざっくり混ぜ、器に盛る。

〈こんなお酒と〉
白ワイン(ケルナー)、冷酒

柿の白和え

和え衣の豆腐は水をきっちり切らなくても大丈夫。
でき上がりはヨーグルトのような質感が理想です。余ったら冷蔵庫で
3日ほど持ちます。焼きなすやゆで野菜などと和えてお使い下さい。

〈材料〉作りやすい分量
・ほうれん草 1束
(ゆでてから冷水にさらし、水気を絞って1cm幅に切る)
・柿(種なし) 1個
(皮をむき、一口大に切る)
・木綿豆腐 200g
・薄口しょうゆ 小さじ1
A
・ねりごま、砂糖
各大さじ1
・塩 小さじ1
・薄口しょうゆ 小さじ1／2

1 ほうれん草に薄口しょうゆをかけて手で和え、ぎゅっと絞り、ボウルに柿とともに入れる。

2 フードプロセッサーに豆腐と**A**を入れてなめらかになるまで撹拌する。**1**に適量加えてやさしく和える。

〈こんなお酒と〉
白ワイン(シャルドネ)

柿と鶏むね肉の照り焼き

鶏肉は絶えずひっくり返して
均等に火を入れ、焼き上がり直前に
たれを注ぎ、煮絡めつつ仕上げると
冷めてもしっとりとした照り焼きに！

〈材料〉2人分
- 柿（種なし）1個（皮をむき8等分にくし切り）
- 鶏むね肉 1枚（一口大にそぎ切り）

A
- 濃口しょうゆ、みりん、酒 各大さじ1
- 一味とうがらし 適量
- ごま油 大さじ1

1 フライパンにごま油を熱して鶏肉を入れ、表面が焼けたら柿を入れる。

2 鶏肉に8割ほど火が通り、柿の表面がとろりとしたらAを回しかけて絡める。器に盛り、お好みで一味を振る。

〈こんなお酒と〉
赤ワイン（ボジョレー・ヌーボー）、オレンジワイン（甲州）

肉じゃがと油揚げでサモサ風

肉じゃがのほか筑前煮やおでんなどでも!
油は引かず、カリッと焼いてください。
カレー粉の量は香り付け程度で充分。
ケチャップやウスターソースに変えても◎。

〈材料〉2人分

- 肉じゃが 適量(汁気を切る、じゃがいもが大きければさいの目に切る)
- すし揚げ 1枚
- カレー粉 小さじ1／2
- アリッサ 適量(なければケチャップやウスターソース)

1 すし揚げは三角形に切り、開いて肉じゃがを詰め、楊枝で口を留める。

2 フライパンに**1**を置いてこんがりと焼き、カレー粉を振る。好みでアリッサを添える。

〈こんなお酒と〉
ビール、ジャパニーズウイスキー(ブレンデッド)のソーダ割り

新じゃがとピーマンと青じその塩きんぴら

じゃがいもに火が通りすぎないよう、透き通ったら手早くお皿へ。
ちょっと多めのオリーブ油で炒めることで早く火が通り、
シャキシャキの仕上がりに。油は途中足りなければ加えてください。

〈材料〉2人分
- 新じゃがいも 1個
(皮をむき、千切り)
- ピーマン 1個
(縦半分に切り、ヘタと種を取って、千切り)
- 青じそ 3枚(粗く刻む)
- ちりめんじゃこ 20g
- にんにく 1片
(縦半分に切る)
- 赤とうがらし
1/2本(小口切り)
- オリーブ油 大さじ3〜

1 フライパンにじゃこ・にんにく・赤とうがらし・オリーブ油を入れ、火にかける。香りが立って、じゃこがカリッとしたら、具だけをペーパータオルなどに一旦取り出す。

2 じゃがいもを炒め、透き通ってきたらピーマンを入れてさっと炒めて火を止め、青じそと**1**を加えてざっくりと混ぜる。

〈こんなお酒と〉
ハイボール、白ワイン(ソーヴィニヨン・ブラン)、スコッチウイスキー(シングルモルト)の水割りまたはソーダ割り(手でたたいた青じそを入れても)

きんとんポテトサラダ

いぶりがっことハムを千切りにしてのせ、和菓子のきんとんに
見立てました。しば漬けやすぐき漬けをのせても。
ポテトサラダはヨーグルトで作るのでとてもヘルシーです。

〈材料〉作りやすい分量
- じゃがいも 2個
- ハム 2枚(千切り)
- いぶりがっこ 50g(千切り)
- パセリ 適量(みじん切り)

A
- 豆乳ヨーグルト 大さじ4
- 塩、からし、レモン果汁
各小さじ1
- 黒こしょう 適量
- オリーブ油 大さじ1

1 じゃがいもは水からゆで、皮をむいて潰し、**A**を入れてなめらかになるまで混ぜる。

2 一口大に丸め、上にハムといぶりがっこをのせ、パセリを飾る。

〈こんなお酒と〉
白ワイン(シャルドネ)、赤ワイン(マスカット・ベリーA)

新じゃがいもの土佐酢和え

シャッキシャキのじゃがいもに誰もが驚くサラダ仕立ての一品です。
くれぐれもゆで過ぎにはご注意を!
ハムをツナやほぐした鶏ささみ、チーズに変えても。

〈材料〉作りやすい分量

- 新じゃがいも 4個(約550g、皮をむいて千切り)
- ハム 50g(千切り)
- 三つ葉 1束(さっとゆで、2cmの長さに切る)

A
- だし 150㎖
- 米酢 100㎖
- 塩 小さじ1/2
- 薄口しょうゆ 大さじ1強

- 一味とうがらし 適量

1 ボウルに**A**を入れてよく混ぜ、冷蔵庫で冷やす。

2 じゃがいもはたっぷりの熱湯で2分ほどゆでて水にさらし、ざるに上げてギュッと水気を絞る。

3 **1**に**2**とハム・三つ葉を入れてざっくり混ぜる。器に盛り、一味を振る。

〈こんなお酒と〉
白ワイン(甲州)、シェリー(フィノ)

ポテトチップス チェダーチーズと実山椒

オリーブ油で揚げる、ちょっと贅沢なポテトチップスです。
実山椒は市販の瓶詰めのもので充分。じゃがいも同士がくっつくと
ベチャベチャになるので、絶えず混ぜながら揚げてください。

〈材料〉2人分

- じゃがいも 1個(皮をむく)
- にんにく 1片(皮付き)
- チェダーチーズ 適量(削る)
- 実山椒の水煮 適量(荒く刻む)
- 揚げ油(オリーブ油) 適量

1 揚げ鍋にオリーブ油とにんにくを入れて熱し、じゃがいもをスライサーでスライスしながら、直接揚げ鍋に入れ、箸で混ぜながら揚げる。

2 カラリとしたらバットに上げて油をしっかり切る。器に盛り、チェダーチーズと実山椒を散らす。お好みで一緒に揚げたにんにくもどうぞ。

〈こんなお酒と〉
ビール、赤ワイン(メルロー)

フライパンでじゃがいものグラチネ

ベシャメルソース要らず、
フライパン一つでできるお手軽グラチネ。
じゃがいもは崩れたくらいの方が
ソースとなじんでおいしいですよ。
冷めても味がしみておいしいので、
翌日のランチにもぴったりです。

〈材料〉作りやすい分量

- じゃがいも（男爵）2個
（皮をむいて薄切り）
- にんにく1／2片
（すりおろし）

A
- 生クリーム100㎖
- カッテージチーズ 大さじ4
- 塩 小さじ1／2
- 黒こしょう 適量

- オリーブ油 大さじ1

1 フライパンにオリーブ油を熱し、じゃがいもとにんにくを入れ炒める。

2 じゃがいもが透き通ってきたら**A**を加えてざっくりと混ぜ、ふたをして中火に近い弱火で7分ほど蒸し焼きにする。フライパンの底のおこげをこそげるようにすくって皿に盛る。

〈こんなお酒と〉
白ワイン（シャルドネ）

かぶときゅうりのわさび和え

大好きなわさび和えをリコッタチーズでアレンジしてみました。
ツーンと鼻にくる辛みが最高です。わさびを思い切って入れた方が
絶対おいしい! ヨーグルトに変えても作れます。

〈材料〉作りやすい分量
- 小かぶ 2個（皮をむいて薄切り）
- きゅうり 1／2本（薄切り）
- ゆで鶏（むね肉、P140参照）35g（手で割く）
- ディル 2本分（茎から葉を摘む）

A
- リコッタチーズ 100g
- レモン果汁 小さじ1
- にんにく 1片（すりおろし）
- 塩、わさび 各小さじ1／2
- 黒こしょう 適量

- 塩 小さじ1／2

---

1 小かぶときゅうりは塩もみし、水気を絞る。

2 ボウルに**A**を入れてよく混ぜ、**1**・ゆで鶏・ディルを加えてやさしく混ぜる。

〈こんなお酒と〉
冷酒、白ワイン（ソーヴィニヨン・ブラン、ミュラー・トゥルガウ、日本の山ぶどう）

かぶとリンゴのなます

りんごは変色を防ぐため、切ってすぐに合わせ酢に入れて。
りんご酢やホワイトビネガーで作ってもフルーティ。
お手持ちのお酢でいろいろ試してみて。

〈材料〉作りやすい分量
- 小かぶ 3個（皮をむいて薄切り、葉は彩り程度の適量をみじん切り）
- りんご 1／4個（皮ごと薄切り、ノーワックス）
- ゆずの皮 適量（千切り）

A
- 米酢 100㎖
- 砂糖 大さじ1

- 塩 小さじ1／2

---

1 **A**をよく混ぜ、りんごを漬ける。

2 ボウルに小かぶと葉、塩を入れて和え、しんなりしたらもんで水気を絞り、**1**にゆずの皮とともに入れ、よく和える。

〈こんなお酒と〉
白ワイン（リースリング、甲州、ミュスカデ、アリゴテ）

小かぶの山椒炒め

少し歯ごたえが残る程度に炒めたかぶの香りのいいこと！
山椒のピリリとした辛味が後を引きます。
お好みでレモンをぎゅっと絞ると
これまた白ワインと合うんですよ〜。

〈材料〉2人分

・小かぶ 2個（皮をむき、一口大に切る）
・実山椒の水煮 大さじ1
・アンチョビフィレ 1枚
・オリーブ油 大さじ1

1 フライパンにオリーブ油とアンチョビを入れて火にかける。アンチョビが崩れてきたら小かぶを入れて炒める。

2 かぶの表面が透き通ってきたら実山椒を入れてさっと炒め、火を止める。

〈こんなお酒と〉
冷酒、熱燗、白ワイン（ソーヴィニヨン・ブラン、甲州をホットワインで）、グレーンウイスキーのソーダ割り（実山椒を指でひとひねりしたものを2〜3粒）

菊いものフライドポテト

菊いものおいしさをシンプルに味わいたいならまずはこれ!
これがビールのおともに最適なのです。
ほくほくと甘くて、ところどころシャクシャクしていて…、
レモンを絞ったり、お好みのスパイスをかけたりと、
アレンジして楽しんでくださいね。

〈材料〉2人分

・菊いも 200g
（皮のままくし切り）
・塩、七味とうがらし 適量
・揚げ油 適量

1 油を熱し、菊いもを入れてきつね色になるまで揚げる。皿に盛り、塩と七味を振る。

〈こんなお酒と〉

プレミアムビール、厚みのあるロゼワイン（サンソーやグルナッシュ）、赤ワイン（メルロー）

ごぼう入り鶏の唐揚げ

鶏肉とごぼうの味を生かしたいから浸け時間はなし。
鶏肉にごぼうを置いて、半分に折りたたむようにして包み、
揚げ油へ。固まるまで触らずに置いておけば、
うまくくっつきますよ。

〈材料〉2人分

- ごぼう1／2本（斜めに1㎝幅に切る）
- 鶏もも肉 角切り 200g

A
- 濃口しょうゆ、紹興酒 各小さじ2
- 一味とうがらし 適量

- 片栗粉 適量
- 揚げ油 適量

1 ボウルにごぼう・鶏肉・Aを入れて手でもみ、片栗粉をまぶす。ごぼうを鶏肉で包むようにまとめて揚げる。

〈こんなお酒と〉

ハイボール、赤ワイン（ピノ・ノワール）、ジャパニーズウイスキー（シングルモルト）のソーダ割りまたはハーフロック

ごぼうと金時にんじんの山椒胡麻酢あえ

たっぷりの山椒が心地いい!
一口食べれば「お酒!」と叫んでしまう一品です。
ポイントは、ゆでたての熱いうちにたれと和えること。
3日ほどもちますが、山椒の香りが飛ぶので、
都度追加してください。

〈材料〉作りやすい分量

・ごぼう 100g
・金時にんじん 70g

A
・だし 大さじ3
・米酢 大さじ1
・薄口しょうゆ 大さじ1と1／2

・いりごま 大さじ3
・粉山椒 適量

1 すり鉢にいりごまを入れてすり、**A**を加えてさらにする。

2 ごぼうと金時にんじんはともに拍子木切りにし、水からゆでる。歯ごたえが残る程度に火が通ったら、ざるに上げる。熱いうちに**1**に入れてざっくりと混ぜ、粉山椒をたっぷり振る。

〈こんなお酒と〉
冷酒、白ワイン（甲州）

ごぼうとかしわの煮物

ごぼうと九条ねぎの香りがたまりません。
香りを生かしたいので、煮過ぎにご用心。
鶏肉はむね肉に変えるとよりヘルシー。
仕上げにうどんを足すのもオススメです。

〈材料〉2人分
・鶏もも肉 1枚(一口大に切る)
・ごぼう 1本
(3cmの長さの拍子木切り)
・九条ねぎ 1本(斜め薄切り)
A
・だし 600mℓ
・薄口しょうゆ、酒
各大さじ1
・塩 適量
・粉山椒 適量

1 鍋にAとごぼうを入れて火にかけ、5分ほど煮たら鶏肉を入れる。
2 火が通ったら九条ねぎを加えてざっくり混ぜ、火を止める。
3 器に盛り、粉山椒を振る。

〈こんなお酒と〉
熱燗

アボカドの薬味納豆和え

まったりとしたアボカドにさわやかな薬味納豆が絡まれば
無敵のおつまみに。熱々ご飯の上にかけてアボカド丼に、
素麺のトッピングにとアレンジも自在です。

〈材料〉2人分

- アボカド 1/2個（縦半分に切り、種を取って皮をむき、一口大に切る）
- 納豆 1パック
- みょうが 1個（縦半分に切って薄切り）
- 青じそ 2枚（千切り）
- レモン果汁 適量
- しょうが 小さじ1（すりおろし）

A
- 七味とうがらし 適量
- 濃口しょうゆ 小さじ1
- オリーブ油 小さじ1

1 ボウルにアボカドとレモン果汁を入れてよく和える。

2 別のボウルに納豆・みょうが・青じそ・しょうが・**A**を入れてよく混ぜ、**1**を加えてやさしく和える。

〈こんなお酒と〉
冷酒、スコッチウイスキー（ブレンデッド）のソーダ割り

アボカドと山いもの粕漬け

残ってしまった白みそや酒粕はありませんか?
ぜひ色々漬けてみてください。漬け床にしたみそは、さらに
豚肉や残り野菜を漬けたりと3〜4回使えますよ。

〈材料〉作りやすい分量

- アボカド 1個（縦半分に切り、種を取って皮をむく）
- 山いも 50g（皮のまま1cm幅に切る）

A
- 白みそ、酒粕 各200g

- ごま油 適量

1 アボカドと山いもはそれぞれペーパータオルに包む。

2 ボウルに**A**を入れてよく混ぜ、密閉容器の底の全面に4割を塗り、**1**を置き、残りを覆うように塗ってふたを閉め、冷蔵庫で3日ほど漬ける。

3 フライパンにごま油を熱し、**2**を焦げ目が付くまで焼く。適当な大きさに切って皿に盛る。

〈こんなお酒と〉
赤ワイン（マスカット・ベリーA）

アボカドプリン

完熟アボカドはごま油と相性抜群!
プリンのようにスプーンですくってどうぞ。
種は包丁のアゴでカツンと刺し、
ぐるりと回せば簡単に取れますよ。

〈材料〉2人分

・アボカド 1個
（縦半分に切り、種を取る）
・ごま油、塩 各適量

1 器にアボカドを置き、穴の中にたっぷりとごま油を注ぎ、塩を少し多めに振る。

〈こんなお酒と〉
ぬる燗、スパークリングワイン

カリフラワーと菊いものサブジ

サブジはインド料理のひとつで
野菜の蒸し煮のこと。
豆乳ヨーグルトで煮ることで生まれる
コクと旨みに驚き!
ほろっと崩れてソースと絡んだところは
皆で取り合いです。

〈材料〉作りやすい分量
・カリフラワー 1/2株
(一口大に切る)
・菊いも 200g
(皮のままさいの目切り)
・にんにく 1片(すりおろし)
A
・豆乳ヨーグルト 200㎖
・クミンシード、カレー粉
各小さじ1
・塩 小さじ1/2
・薄口しょうゆ 小さじ1/2
・太白ごま油 大さじ1

1 ふた付きの鍋にごま油を熱し、菊いもとカリフラワーを入れ炒める。途中、にんにくも加える。

2 野菜に油が回ったら、Aを入れてざっくり混ぜ、ふたをする。蒸気が出てきたら火を弱めて約10分煮る。途中、ふたを開け、焦げ付かないように何度か鍋底から大きく混ぜる。

3 薄口しょうゆを入れ、少しずつ崩すようにざっくりと混ぜ、火を止める。

〈こんなお酒と〉
白ワイン(リースリング、ピノ・グリ)、ぬる燗

カリフラワーのスライス からすみがけ

カリフラワーの生って、コリコリッとした
歯ごたえが心地よく、意外な食べやすさ!
オリーブ油は、少しスパイシーなものを使うと、
さらにおいしさが引き立ちます。

〈材料〉2人分

- カリフラワー 1／4株（薄切り）
- からすみ 適量
- 黒こしょう 適量
- オリーブ油 適量

1 カリフラワーを皿に並べ、オリーブ油を回しかけ、からすみを削って散らし、黒こしょうを振る。

〈こんなお酒と〉
シェリー、ぬる燗

家計にも
胃にもやさしいお精進

お精進ラタトゥイユ

〈材料〉作りやすい分量

- 玉ねぎ 1/2個
- なす 1個
- ズッキーニ 1/2本
- かぼちゃ 1/6個
- トマト 1個
- ししとう 1本

A

- しょうが 1/2片(千切り)
- 水 200mℓ
- 昆布 10g
- 薄口しょうゆ 大さじ 1と1/2
- みりん 大さじ 1

1 玉ねぎ、なす、ズッキーニ、かぼちゃは2cmのさいの目に切る。トマトは皮のまま6等分にくし切り、ししとうはヘタを取り2cm幅の輪切りにする。

2 鍋に**1**と**A**を入れて強火にかける。沸騰したら火を弱めてアクをすくい、時々混ぜながら10分ほど煮る。しんなりしたら火を止め、冷ます。

3 冷蔵庫に入れてしっかり冷やしてから器に盛る。

column 酒呑み春秋。

冷蔵庫スッキリ大作戦

冷蔵庫の在庫一掃料理は気持ちいい! 微妙に残ったお野菜を、新鮮なうちになんとかしてあげなきゃと知恵を絞ります。そう、大事なことは、物を大事に生かし切ってあげたいという「始末の気持ち」を持つこと。

作ってる最中、足りない香辛料や食材なども出てきて慌てることもあるけれど、エ〜イ、代わりにこれで味付けしてみるか、と勇気を出して完成させたら、想像をはるかに超えた一品が完成したり…。前もって考えたレシピよりも、即興ならではの面白みがあって独自のおつまみが誕生します。残った野菜だけでなく、余ったお総菜なども炒飯に加えたり、チヂミにリメイクしたり、油揚げに詰めてサモサ(P102)にまで! 想像力を駆使して、未知なるレシピができあがるまでの過程も楽しみたいものです。

粉だけで
ぶきっちょ喜ぶ進化形

ほうれん草のごま和え入りチヂミ

〈材料〉作りやすい分量

- 豚こま切れ肉 50g
- ほうれん草のごま和え 適量
- だし 70mℓほど
- ポン酢、一味とうがらし 各適量
- 米粉 50g
- 片栗粉 大さじ 2
- ごま油 大さじ 1

1 ボウルに米粉と片栗粉を入れ、だしを少しずつ加えながら混ぜる。豚肉とほうれん草のごま和えを加え、ざっくり和える。

2 フライパンにごま油を熱し、**1**を流し入れ、両面をこんがり焼く。好みでポン酢と一味とうがらしでいただく。

※チヂミ粉を使ってもよい。

どうしよう
困った時の自家製すし酢

根菜ピクルス

〈材料〉作りやすい分量

- にんじん、きゅうり、パプリカ、大根など合わせて2カップ分ほど

A
- 米酢 40mℓ
- 砂糖 30g
- 塩 小さじ1

- クミンシード 適量
- 赤とうがらし 1/2本(小口切り)
- 塩 小さじ 1
- 水 適量

1 野菜はすべて拍子木切りにし、ボウルに入れて塩を振り、しばらくしたらもんで水気を絞り、密閉容器などに移す。

2 Aと水を好みの割合で割ったものを**1**に注ぎ、クミンシードと赤とうがらしを加えて冷蔵庫で保存する。

あるものを
かき集めたらこうなった

九宝菜

〈材料〉作りやすい分量

- 白なす 1/3本
- ダビデ(オクラの一種) 1個
- みょうが 1個
- トマト 1/2個
- 万願寺とうがらし 1本
- 白桃 1/4個
- 新しょうが 10g
- 豚肩ロース肉 50g
- 酒盗 小さじ 1
- 紹興酒 小さじ 2
- ごま油 大さじ 1

1 野菜は食べやすい大きさに切る。

2 フライパンにごま油を熱し、**1**と豚肉を炒め、8割ほど火が通ったら紹興酒を回しかけ、酒盗で味をととのえる。

わかってる! 酒呑み唸らす
山椒の刺激

ピリ辛こんにゃく

〈材料〉作りやすい分量

- 糸こんにゃく 200g(さっとゆでて適当な長さに切る)
- しめじ 1/2パック
 (石づきを外して手でほぐす)
- にんじん 20g(千切り)

A

- だし 150mℓ
- 酒、濃口しょうゆ、みりん 各大さじ2
- 薄口しょうゆ 小さじ1

- 実山椒の水煮 小さじ2
- ごま油 大さじ1

1 鍋にごま油を熱し、にんじんとしめじを炒める。油が回ったら糸こんにゃくを加えて炒め、**A**と実山椒を加える。

2 煮立ってきたら弱火にし、10分ほど煮る。煮汁が半量になったら火を止める。

昨晩の鍋の残りと
言わせない

炒り豆腐

〈材料〉作りやすい分量

- 木綿豆腐 200g
- 干ししいたけ 1個(浸る程度の水で戻し、細切り)
- 鶏むね肉 こま切れ 50g
- にんじん 15g(千切り)
- 九条ねぎ 適量(斜め薄切り)

A

- 干ししいたけの戻し汁 大さじ1
- 薄口しょうゆ、みりん 各小さじ2
- 溶き卵 1個分

- ごま油 小さじ2

1 木綿豆腐は手でちぎって鍋に入れ、水を張って火にかける。沸騰したら火を弱めて1分ほどゆで、ペーパータオルを広げたざるに上げ、水気を切り、冷ます。

2 鍋にごま油を熱し、にんじんと鶏肉を炒める。火が通ったら干ししいたけと**1**を加えて炒める。

3 全体が炒まったら**A**を加えて水分を飛ばすように炒め、卵と九条ねぎを加えてざっくりと混ぜ、火を止める。

残り物
あんかけまとわせ上機嫌

野菜のあんかけ

〈材料〉作りやすい分量

- 白菜 2枚
- 絹ごし豆腐 100g（水切り不要）
- 鶏むね肉 50g
- えのき 1/2束
- しめじ 適量
- 九条ねぎ 適量（斜め薄切り）

A
- だし 600mℓ
- 薄口しょうゆ、みりん 各大さじ1
- 塩 適量

- 片栗粉 適量（同量の水で溶く）

1 白菜、豆腐、鶏肉はそれぞれ一口大に切る。えのきは3cmの長さに切る。しめじは手でほぐす。

2 鍋に**A**を入れて火にかけ、沸騰したら**1**を入れ、軽く火が通ったら片栗粉でとろみをつけ、火を止める。

3 器に盛り、九条ねぎを飾る。

五種寄れば
彩り華やか文殊の滋味

五目きんぴら

〈材料〉作りやすい分量

- 蓮根 80g
- ごぼう 1/2本
- 九条ねぎ 適量
- にんじんの皮 適量
- しょうが 1/3かけ

A
- 濃口しょうゆ、みりん、酒 各大さじ1

- 赤とうがらし 1/2本（小口切り）
- いりごま 適量
- ごま油 大さじ1

1 蓮根は薄切りに、そのほかは千切りにする。

2 フライパンにごま油を熱し、**1**と赤とうがらしを加えて強火で手早く炒め、つやが出たら**A**を注いで絡め、すぐに器に盛る。

香り野菜と焼きミカンのサラダ

日本各地で小正月に行われる、「どんど焼き」。
お正月飾りなどと一緒にみかんや
さつまいもなども焼いて食べますが、
この焼きみかんがビターで大人の味。
焼くことで甘みが増し、お腹もほこほこと温まります。
一緒に食べたりそれぞれを食べたりして、
甘・酸・苦を味わってください。

〈材料〉2人分
・みかん 2個
・ルッコラ 2束
・クレソン 40g
・パクチー 1株
・モッツァレラチーズ 適量
（手で割く）
A（混ぜる）
・ディジョンマスタード 小さじ1
・塩、黒こしょう 適量
・オリーブ油 大さじ1

1 みかんは皮のまま魚焼きグリルなどで真っ黒になるまで5分ほど焼き、皮をむいて食べやすい大きさに切り皿に盛る。

2 それぞれ3㎝の長さに切った野菜をボウルに入れ、**A**を回しかけ、ざっくりと混ぜる。**1**の皿に盛り、モッツァレラチーズをのせる。

〈こんなお酒と〉
冷酒、白ワイン（ソーヴィニヨン・ブラン）

くわいとにんにくの素揚げ

くわいもにんにくも皮のまま冷たい揚げ油と一緒に火にかけ、
いい香りがしてくるまで揚げたら完成です。
にんにくは皮をむいて、くわいは皮付きのまま召しあがれ。

〈材料〉2人分
- にんにく 1個
- くわい 6個
- 結晶塩 適量(お好みのもので)
- 揚げ油 適量

1 揚げ鍋ににんにくとくわいを入れ、かぶる程度に油を注いで火にかける。

2 シュワシュワと音がしてきたら火を弱め、きつね色になるまで揚げる。器に盛り、結晶塩を振る。

〈こんなお酒と〉
ビール、赤ワイン(カベルネ・ソーヴィニヨン、メルロー)

くわいと蓮根とにんじんのきんぴら

野菜はすべて皮のまま、同時に炒めてOK!
炒めすぎると水気が出て煮物のようになるので、ごく強火で一気に。
調味料を注ぐ時、フライパンの真ん中に注ぐと焦げませんよ。

〈材料〉2人分
- くわい 4個(薄切り)
- 蓮根 200g(いちょう切り)
- 金時にんじん 50g(千切り)

A
- 濃口しょうゆ、酒、みりん 各大さじ1

- 赤とうがらし 1/2本
- いりごま 適量
- ごま油 大さじ2

1 フライパンにごま油と赤とうがらしを入れて熱し、野菜を加え、強火で手早く炒める。

2 野菜が透き通って軽く火が通ったらフライパンの真ん中を空け、そこに**A**を注ぐ。一気に水分を飛ばしつつ野菜と絡め火を止める。器に盛り、いりごまを振る。

〈こんなお酒と〉
赤ワイン(ボジョレー・ヌーボー、ガメイ、マスカット・ベリーA)

ゆり玉

酸っぱくないかに玉を、ゆり根で
作ってみました。オムレツのようにまとめず、
気軽に焼いてください。
ご飯にかけて天津丼としても。

〈材料〉2人分
- ゆり根 1株
  (1枚ずつ外し、よく洗う)
- 卵 3個
- しょうが 適量(すりおろし)

A
- だし 80㎖
- 薄口しょうゆ 小さじ1
- 片栗粉 小さじ1

B
- だし 300㎖
- 薄口しょうゆ 小さじ2
- 塩 ひとつまみ
- 片栗粉 適量
  (同量の水で溶く)
- サラダ油 大さじ1

1 ゆり根は3分ほどゆでてざるに上げる。

2 ボウルに**A**を入れて混ぜ、卵を加えて混ぜる。ゆり根も入れ、サラダ油を熱したフライパンに注いで手早く混ぜて焼き、器に盛る。

3 鍋に**B**を入れて火にかけ、沸騰したら片栗粉でとろみをつけ、**2**にかける。しょうがをたっぷり添える。

〈こんなお酒と〉
ぬる燗、白ワイン(シャルドネ、貴腐ワイン)

ゆり根のバター蒸し

ゆり根のホクッとした甘さと香りが生きるレシピです。
バターをオリーブ油に替えてもいいですね。
食塩不使用のバターを使う場合はお好みで塩を加えてください。

〈材料〉2人分
- ゆり根 1株
（1枚ずつ外し、よく洗う）
- バター 40g
- 白ワイン 60㎖

1 ふた付きの鍋にゆり根と白ワインを入れてふたをし、火にかける。蒸気が出てきたらバターを加えてやさしく混ぜ、ふたをして火を弱める。

2 鍋を揺すりながらゆり根に火が通る（透明感が出る）まで5分ほど蒸す。

〈こんなお酒と〉
シャンパーニュ

ゆり根のからし酢みそ和え

蒸し器がない場合は、さっとゆでてください。
白みそはブランドによっての甘さや硬さも違うので、砂糖と米酢は
加減してくださいね。からし酢味噌がゆり根の甘さを引き立てます。

〈材料〉作りやすい分量
- ゆり根 1株
（1枚ずつ外し、よく洗う）

A
- 砂糖 大さじ1
- からし 小さじ1

- 米酢 50㎖
- 白みそ 100g

1 ゆり根は蒸し器で4分ほど蒸す。

2 すり鉢に白みそとAを入れてよくすり、砂糖が溶けたら米酢を少しずつ加えて好みのゆるさになるまでする。

3 ゆり根を加え、ゴムべらでざっくりと混ぜる。

〈こんなお酒と〉
白ワイン（甲州）、赤ワイン（ヤマ・ソーヴィニヨン）

里いもといかの煮物

いかは硬くならないよう、
さっと煮る程度にしてください。
落としぶたをすると煮汁が全体に
まわるのでマストアイテムです。
里いもを煮ている最中は、触ると
煮崩れてしまうので、静かに見守って。

〈材料〉2人分

- 里いも 6個（両端を落とす）
- いか 1杯（ゲソは2本ずつに切り、胴は1㎝幅の輪切り）
- しょうが 1かけ（皮のまま薄切り）
- ゆずの皮 適量

A
- だし 300㎖
- 酒 大さじ1

B
- みりん 大さじ2
- 砂糖、濃口しょうゆ 各大さじ1
- 薄口しょうゆ 小さじ1

1 たっぷりの水を張った鍋に里いもを入れ、火にかける。沸騰したら弱火にし、10分ほどゆで、ざるに上げる。熱いうちに皮をむく。

2 鍋に**A**を入れて煮立て、いかを入れ、すぐに引き上げる。残った煮汁に**B**・**1**・しょうがを入れ、落としぶたをして15分ほど煮る。いかを戻し入れ、30秒ほどで火を止め、冷ます。器に盛り、ゆずの皮を削って散らす。

〈こんなお酒と〉
熱燗、赤ワイン（マスカット・ベリーA）、ジャパニーズウイスキー（シングルモルト）のお湯割り

蓮根の梅炒め

梅干しははちみつ入りではなく、できる限り酸っぱいものを。
梅干しの塩気によって好みで塩を足してください。
冷めてもおいしいので作り置きしておくのも◎。

〈材料〉2人分
・蓮根 150g
（皮をむいて薄切り）
A
・梅干し 1個
（種を取り細かく叩く）
・みりん 大さじ1
・薄口しょうゆ 小さじ1
・いりごま 適量
・ごま油 大さじ1

1 フライパンにごま油を熱し、蓮根を炒める。
2 蓮根が透き通ってきたら、Aを入れて手早く絡める。

〈こんなお酒と〉
ぬる燗、赤ワイン（ピノ・ノワール）、白ワイン（リースリング）

里いものとも和え

里いもを、里いものたれで和えるからとも和え。
衣のゆるさはだしで調整してください。ゆでたての
熱いうちに皮をむいて、手早く潰すのがコツです。

〈材料〉作りやすい分量
・里いも（ピンポン玉大）10個
（皮ごと水からゆで、皮をむく）
A
・ねりごま 大さじ2
・砂糖 大さじ1
・薄口しょうゆ 小さじ1
・だし 大さじ2

1 里いもを2個のみ、すり鉢に入れて潰し、Aを入れてよくする。
2 だしを注いでさらにすり、なめらかになったら残りの里いもを入れ、やさしく和える。

〈こんなお酒と〉
熱燗、白ワイン（シャルドネ）、赤ワイン（マスカット・ベリーA）

鶏つくねの蓮蒸し

つなぎは卵ではなく蓮根！　たっぷりと食物繊維が取れる
うれしいおつまみです。ひき肉のやわらかさに応じて蓮根の量を
加減してください。あつあつのあんがかかって至福のおいしさです。

〈材料〉作りやすい分量
- 蓮根 200g
（皮をむいてすりおろし、軽く水気を切る）
- 鶏もも ひき肉 150g
- しょうが 1かけ（半分はみじん切り、残りはすりおろす）

A
- だし 300㎖
- 薄口しょうゆ、酒 各大さじ1／2
- 塩小さじ1／2

- 塩 小さじ1／3
- 片栗粉 適量
（同量の水で溶く）

1 蓮根の半量・鶏肉・しょうがのみじん切り・塩をボウルに入れ、よく混ぜる。6等分して丸め、バットや皿に間隔を空けて置く。
2 残りの蓮根を1の団子の上にかぶせて、蒸し器で8分ほど蒸し、器に盛る。
3 鍋にAを入れて火にかけ、片栗粉でとろみをつける。2にかけ、おろししょうがを添える。

〈こんなお酒と〉
熱燗、白ワイン（甲州）、グレーンウイスキーの水割り

からし蓮根 からし菊いも

鼻にツーンと抜けるからしの香り、それをビールで流し込む快感！
じゃがいもや枝豆、カリフラワーでもおいしいですよ。
もう少し何か…って時に出したら、酒飲みはそれこそ泣いて喜ぶ!?

〈材料〉2人分
- 蓮根 150g
（皮をむいて一口大に切る）
- 菊いも 100g
（皮のまま一口大に切る）
- ミックスナッツ 適量
（粗く刻む）

A
- 白みそ 50g
- だし 大さじ1
- からし 小さじ2

1 蓮根と菊いもはそれぞれ水からゆでる。
2 すり鉢にAを入れてよくする。1が熱いうちに入れ、ゴムべらでやさしく混ぜ、器に盛り、ミックスナッツを飾る。

〈こんなお酒と〉
ビール、ぬる燗、白ワイン（ピノ・グリ）、ジャパニーズウイスキー（シングルモルト）のお湯割り

蓮根の黒酢照り焼き

黒酢の代わりにバルサミコ酢でも。
フライパンに調味料を入れる時は、
一旦火から外して濡れふきんなどにのせて
粗熱を取ってから入れ、火にかけ直すと、
焦げずにうまくとろみとてりが出ますよ。

〈材料〉2人分
・蓮根 200g
（皮のまま縦に棒状に切る）
A
・砂糖、黒酢、濃口しょうゆ
各大さじ1
・ごま油 大さじ1
・からし 適量

1 フライパンにごま油を熱し、蓮根を炒める。油が回ったらふたをして弱火にする。途中混ぜながら5分ほど火を通す。

2 焼き色が付いたらAを入れ、手早く煮絡め、器に盛る。お好みでからしを添える。

〈こんなお酒と〉
赤ワイン（日本のカベルネ・ソーヴィニヨン、メルロー）、ジャパニーズウイスキー（シングルモルト）のソーダ割り

蓮根の磯辺揚げ

私は無造作にキュッとまとめるのが好きで
この形ですが、ロール状にしたり、
まとめ方を変えて揚げると、
違った食感や味わいになります。
そのままでも甘くておいしいですが、
からししょうゆや塩など
お好みの味付けでどうぞ。

〈材料〉作りやすい分量

- 蓮根 200g(皮をむいてすりおろし、軽く水気を切る)
- 焼きのり 全型 2〜3枚(十字に切る)
- からし、濃口しょうゆ 各適量
- 揚げ油 適量

---

1 蓮根をスプーンですくって焼きのりにのせて包み、油できつね色になるまで揚げる。

〈こんなお酒と〉
白ワイン(ピノ・グリ、甲州、アルバリーニョ)

ほうれん草とウニのだし卵寄せ

ほうれん草をルッコラや春キャベツに、
ウニを鱈の白子や酒盗などに変えると、
季節ごとに楽しめる卵寄せになります。
だし巻き卵のようにきっちり巻かなくてOK!
気軽に作れるのがうれしいおつまみです。

〈材料〉2人分
・ほうれん草 1／2束(さっとゆで、2㎝の長さに切る)
・ウニ 大さじ3杯分ほど
・溶き卵 2個分
A(混ぜ合わせる)
・だし 大さじ3
・塩 ひとつまみ
・薄口しょうゆ 小さじ1／2
・片栗粉 小さじ1
・オリーブ油 大さじ2

1 溶き卵にAを加えて混ぜ、オリーブ油を熱したフライパンに注ぐ。
2 菜箸でよく混ぜ、半分ほど火が通ったら、ほうれん草とウニを加え、やさしく寄せて、器に盛る。

〈こんなお酒と〉
ぬる燗

ロール白菜

白菜のおいしさを余すことなくいただけるレシピです。
肉よりも白菜の量が多く、食べごたえがあるのにさっぱり。
肉は葉全体に塗ると巻きやすく、崩れる心配もなく簡単です。

〈材料〉作りやすい分量
- 白菜の葉 10～12枚(ゆでる)
- 鶏むね ひき肉300g
- 干ししいたけ 2個(100㎖のぬるま湯で戻し、みじん切り)
- 青ねぎ 1本分(小口切り)
- しょうが 1かけ(みじん切り)

A
- 薄口しょうゆ、酒 各大さじ2
- 塩 小さじ1／2

1 白菜は芯をV字に切って葉と分け、芯はみじん切りにして水気を絞る。

2 ボウルに鶏肉と塩を入れて手で粘りが出るまで練り、白菜の芯・干ししいたけ・青ねぎ・しょうがを入れて混ぜる。10等分する。

3 白菜の葉全面に**2**をごく薄く塗り、両端を内側に折って根元側からきっちり巻き、閉じ口を楊枝で留める。

4 浅型の広い鍋に**3**を動かないよう隙間なく敷き詰め、干ししいたけの戻し汁とかぶる程度の水を張り、火にかける。沸騰したら**A**を入れ、落しぶたをして15分ほど煮る。

〈こんなお酒と〉
熱燗、白ワイン(リースリング、シャルドネ)

白菜の柚香和え

微妙に残った白菜は、まだ新鮮なうちに和え物に。
ゆずの皮の量はお好みで加減してくださいね。昆布やねぎなど
あるものを加えても味に奥行きが出てさらにおいしさが増しますよ。

〈材料〉作りやすい分量
- 白菜 250g(千切り)
- ゆず1個(果汁を絞り、皮は千切り)

A
- 昆布(細切り)、かつお節、濃口しょうゆ 各適量
- 塩 小さじ1／2

1 ボウルに白菜と塩を入れて手で和え、しんなりしたらもんで水気をぎゅっと絞る。

2 **1**にゆずの果汁と皮、**A**を入れてざっくり混ぜる。

〈こんなお酒と〉
スパークリングワイン(甲州)、冷酒

白菜と豚のミルフィーユ仕立て

鍋に隙間なく詰めて煮ると、
仕上がりがミルフィーユ状になりますが、
もちろんそのままドサッと入れて煮ても。
少なめの煮汁で白菜の水気を出すように
加熱すると、旨みが出ていっそうおいしいです。
冷めたものも味がよくしみ込み、
翌日はお浸しのように。

〈材料〉作りやすい分量
・白菜1／4玉
（3㎝幅に切る）
・豚ばら肉しゃぶしゃぶ用
200g
・しょうが1かけ（千切り）
・ゆずの皮 適量（千切り）
A
・だし400㎖
・薄口しょうゆ、酒
各大さじ2
・七味とうがらし 適量

1 土鍋に白菜を断面が見えるように詰め、隙間に豚肉としょうがを入れ込み、**A**を注ぎ、ふたをして火にかける。沸騰してきたら弱火にし、くったりするまで煮る。

2 器に重なるように盛り、七味を振り、ゆずの皮を添える。

〈こんなお酒と〉
熱燗、白ワイン（甲州）、ジャパニーズウイスキー（ブレンデッド）の水割り（ゆずの皮を添えて）

砂肝と九条ねぎの和えもの

炒め物とは違い、驚くほどしっとりやわらかに仕上がりますよ。

下ゆでした砂ずりは煮汁とともに冷蔵庫で3日、冷凍庫で1カ月保存できます。サラダのトッピングにもオススメです。

〈材料〉作りやすい分量

・砂肝 200g
・九条ねぎ 1本（斜めに薄切り）
・しょうが 1かけ（千切り）

A
・水 500㎖
・しょうがの皮やねぎの根など香りのもの 適量
・塩 大さじ1
・紹興酒（または酒）大さじ2

B
・一味とうがらし 適量
・塩 適量
・紹興酒 小さじ1／2
・太白ごま油 大さじ1

1 鍋にAを入れて火にかけ、沸騰したら砂肝を入れてすぐに火を止め、人肌に冷めるまで置く。

2 砂肝は白い薄皮部分があればそぎ落として薄切りにし、九条ねぎとしょうがとともにボウルに入れ、Bをまわしかけてやさしく和える。

〈こんなお酒と〉

シェリー、白ワイン（甲州）

白ねぎのサラダ

白ねぎを丸ごと1本食べ切るさわやかなサラダです。

中のトロトロの部分が出てしまうので、できるだけ長いままゆで、漬ける時に切ってください。肉料理の付け合わせにももってこい!

〈材料〉作りやすい分量

・白ねぎ 2本（青い部分はみじん切り）
・黒こしょう 適量

A
・米酢 50㎖
・にんにく 1片（すりおろし）
・からし 小さじ1
・砂糖 大さじ1
・塩 小さじ1／2
・オリーブ油 大さじ2

1 ボウルにAと白ねぎの青い部分を入れてよく混ぜる。

2 白ねぎは鍋に入る長さに切り、3分ほどゆでる。熱いうちに3㎝の長さに切って1に漬け、冷蔵庫で冷やす。

3 器に盛り、漬け汁をかけ、黒こしょうを振る。

〈こんなお酒と〉

白ワイン（ソーヴィニヨン・ブラン）、スコッチウイスキー（シングルモルト）のソーダ割り

九条ねぎと焼いた油揚げ いかのからし酢みそ和え

焼いた揚げの香ばしさが食欲をそそります。
いかはほかの魚介類でもOK。
生でもおいしいですよ。
からしは時間が経つと香りが飛ぶので
若干強めに加えて。

〈材料〉2人分
・九条ねぎ 2本
・油揚げ 50g
（魚焼きグリルやトースター、金網でこんがり焼く）
・ゆでいか 50g
A
・白みそ 100g
・からし 小さじ1
・砂糖 大さじ1
・米酢 大さじ2

1 すり鉢やボウルにAを入れてよく混ぜ、少しずつ米酢を加えてなじませる。

2 九条ねぎはさっとゆでてざるに上げ、冷めたら軽く水気を切って3cmの長さに切る。いかは食べやすい大きさに切る。油揚げは食べやすい大きさの短冊切りにする。

3 1に2を加え、ゴムべらでやさしく和える。

〈こんなお酒と〉
白ワイン（甲州）、冷酒

白ねぎとかきのオイル漬け

サラダ油とオリーブ油の割合はお好みで。かきは強火で加熱すると硬くなるので、にんにくの香りが立ったら弱火で火入れを。瓶に詰めて手みやげにしても素敵。お好みでレモンを絞ってどうぞ。

〈材料〉作りやすい分量

- 白ねぎ 1本（斜めに薄切り）
- かき 6個（水でよく洗い、水気をしっかり切る）

A
- にんにく 2片
- 赤とうがらし 1／2本
- 黒こしょう 適量

- 塩 小さじ1／2
- サラダ油、オリーブ油 各適量

1 かきの表面に塩をまぶし、しばらく置き、水気が出たらペーパータオルなどで拭く。

2 フライパンに白ねぎを敷き詰め、かきを並べ、**A**をいれる。ひたひた程度のサラダ油とオリーブ油を2対1の割合で注ぎ、火にかける。

3 シュワシュワと音がして鍋肌に気泡が出てきたら火を弱める。かきがふっくらとしたら火を止め、人肌程度まで冷ます。

〈こんなお酒と〉
白ワイン（シャルドネ）、スパークリングワイン、ジャパニーズウイスキー（シングルモルト）のソーダ割り（黒こしょうを少々）

九条ねぎの風呂吹き

風呂吹きは大根だけにあらず。九条ねぎのほか下仁田ねぎなどでも。ねぎの甘みが溶け出たゆで汁でみそを伸ばすと、味のなじみがよくなります。ねぎはゆで汁に浸けて冷蔵庫で3日持ちます。

〈材料〉2人分

- 九条ねぎ 2本（3㎝の長さに切る）

A
- 水 500㎖
- 酒 大さじ1
- 昆布 はがき大1枚

- 白みそ 50g
- ゆずの皮 適量（すりおろす）

1 鍋に**A**を入れて10分ほど置き、火にかけ、沸騰直前に昆布を引き上げる。九条ねぎを入れてとろりとやわらかくなるまで煮て、器に盛る。

2 ボウルに白みそを入れ、**2**のゆで汁を入れて好みの硬さに伸ばし、ゆずの皮を混ぜ、**2**にかける。

〈こんなお酒と〉
熱燗、白ワイン（甲州をとびきり燗して）

九条ねぎ入り肉団子

ひき肉ではなく細切れで作る、食べごたえのある肉団子です。
紹興酒が肉をやわらかくしてくれます。冷めてもおいしいので、
予め作っておいてホームパーティにいかがですか。お弁当にもどうぞ。

〈材料〉2人分
- 豚ロース肉こま切れ 200g
- 九条ねぎ 1本（斜めに薄切り）
- レモン 1／2個

A
- しょうが 小さじ1（すりおろし）
- 濃口しょうゆ、紹興酒 各大さじ1

- 片栗粉 大さじ1
- 揚げ油 適量

1 ボウルに豚肉、九条ねぎ、**A**を入れて手でよく混ぜ、片栗粉をまぶしつけてピンポン玉サイズにキュッと丸め、揚げ油でカラリと揚げる。皿に盛り、レモンを添える。

〈こんなお酒と〉
ハイボール、赤ワイン（メルロー、シラー）、ジャパニーズウイスキー（ブレンデッド）のソーダ割り（レモンを絞って）

牛すじと九条ねぎの一口おでん

牛すじは圧力鍋なら20分くらいでやわらかくなりますが、
なければ気長にゆでてください。九条ねぎの相性は抜群です。
余った牛すじは冷凍保存できます。

〈材料〉作りやすい分量
- 牛すじ肉 200g（一口大に切り、圧力鍋でやわらかくなるまでゆでる）
- 九条ねぎ 2本（3cmの長さに切る）
- からし 適量

A
- だし 500mℓ
- 薄口しょうゆ、みりん 各小さじ2
- 塩 小さじ1／2

1 牛すじと九条ねぎを黒文字や竹串で交互に刺す。

2 鍋に**1**と**A**を入れて15分ほど静かに煮て、器に盛り、からしを添える。

〈こんなお酒と〉
熱燗、白ワイン（シャルドネ、甲州）

鶏大根

冬の寒さでグッと甘くなった大根は、
下ゆでせずに煮ても甘くてトロトロに。
冷めてもおいしいので、常備菜にも。
大根1本使い切る気持ちで作ってみてください。
あっという間になくなってしまうおいしさです。

〈材料〉作りやすい分量

- 大根 1本
- 鶏もも肉 角切り300g
- しょうが 1かけ(千切り)
- 九条ねぎ 1本(小口切り)

A
- みりん 大さじ3
- 薄口しょうゆ 大さじ2
- 濃口しょうゆ 大さじ1

- だし 1ℓ
- 片栗粉 適量

1 大根は2㎝の幅に輪切りし、皮を厚くむいていちょう切りにし、鍋に入れる。だしとしょうがを入れて火にかけ、大根が透き通ってきたら**A**を入れて10分ほど煮る。

2 鶏肉に薄く片栗粉をまぶし、**1**に加える。2分ほど煮たら火を止め、九条ねぎをかける。

〈こんなお酒と〉
白ワイン(キンキンに冷えた甲州を小ぶりのグラスや湯飲みで)、ジャパニーズウイスキー(シングルモルト)のお湯割り、ジャパニーズウイスキー(ブレンデッド)のソーダ割り(スライスしたしょうがを入れて)

大根のソムタム

バンコクで食べた青パパイヤのサラダ「ソムタム」が忘れられず、
大根で作ってみました。ナンプラーがなければ薄口しょうゆで。
セロリやふき、蓮根などで作ってみるのもいいですね。

〈材料〉作りやすい分量
- 大根 1／4本
（皮のまま千切り）
- ミニトマト 5個
（ヘタを取り4等分に切る）
- パクチー 1本
（茎から葉を摘む）
- 桜えび 大さじ1
- ナッツ 適量

A
- レモン果汁、ナンプラー、
砂糖 各大さじ1
- 赤とうがらし 1／2本
（種ごとざく切り）
- 塩 小さじ1／2

1 ボウルにA、桜えび、赤とうがらしを入れてよく混ぜる。
2 別のボウルに大根を入れて塩もみし、しんなりしたら水気を絞る。
2 大根を1に入れ、ミニトマト・パクチー・ナッツを加えてよく混ぜる。

〈こんなお酒と〉
白ワイン（リースリング、カベルネ・フラン、ゲヴュルツトラミネール）、ロゼワイン

ゆで大根のフライ

大根は皮をむいて一口大に切り、水からゆでるだけ。
米のとぎ汁は要りません。昨日の煮物の残りで作っても。
ほかにはないあっさりとした揚げもの、ちょっとクセになりますよ！

〈材料〉2人分
- 大根の水煮 適量
- すだち 1個
- 片栗粉、揚げ油、塩 各適量

1 大根に片栗粉をまぶしつけ、高温の油で揚げる。
2 皿に盛り、塩を振り、すだちを添える。

〈こんなお酒と〉
白ワイン（キンキンに冷えた甲州）、スコッチウイスキー（シングルモルト）の水割り（すだちを薄めに絞って）

切り干し大根とほうれん草のごま和え

手作りの紅芯大根の切り干しで作りましたが、
市販の切り干し大根でもおいしく作れます。
サラダ感覚でたっぷり食べられるごま和えです。
あつあつのご飯と一緒にいただくのも捨てがたい！

〈材料〉作りやすい分量

- ほうれん草 1束
（ゆでて水にさらし水気を絞って1cmの長さに切る）
- 切り干し大根 20g
（戻して水気を絞る。市販の切り干し大根の場合は3cmの長さに切る）

A
- だし 大さじ3
- 薄口しょうゆ 大さじ1

- いりごま 大さじ4

1 すり鉢にいりごまを入れてよくすり、Aを入れて混ぜたら、ほうれん草と切り干し大根を入れやさしく和える。

〈こんなお酒と〉
冷酒、赤ワイン（シラー、キャンティ・クラシコやブルネッロ・ディ・モンタルチーノなど）、ロゼワイン

◎紅芯大根の切り干しの作り方
紅芯大根は皮付きでくし切りにし、スライサーで薄切りにする。ざるの上にくっつかないように並べ、風通しの良い場所で2〜3日干す。少量なら窓辺でもOK。完全に乾燥したら瓶などに詰めて保存する。

塩豚と水菜のはりはり鍋

しゃぶしゃぶ用の肉を使えばスライスの手間もなく、
すぐに塩がなじみ、あっという間に塩豚の完成!
塩漬けのまま冷蔵庫で4日保存でき、炒め物にも使えてとても便利。

〈材料〉2人分
- 豚バラ肉しゃぶしゃぶ用 200g
- 塩 小さじ1/2
- 水菜 1束(3cmの長さに切る)
- ゆずの皮 適量(千切り)

A
- だし 500mℓ
- 薄口しょうゆ、酒 各大さじ1

1 豚肉に塩をまぶし、1時間ほど常温に置く。
2 鍋にAを入れて火にかけ、沸騰したら1と水菜を入れ、火が通ったら器に盛り、ゆずの皮を添える。

〈こんなお酒と〉
熱燗、白ワイン(リースリング、甲州)

水菜のサラダ 豚肉とザーサイの熱いドレッシング

熱々のドレッシングがかかると水菜が少ししんなりし、とても
食べやすくなります。ケーパーとザーサイの組み合わせ、意外と
合うんです。千切りのキャベツやきゅうり、豆苗でもお試しください。

〈材料〉2人分
- 豚肩ロース肉トンテキ用 100g(粗く刻む)
- 水菜 1束(3cmの長さに切る)
- レタス 適量(一口大にちぎる)

A
- ザーサイ 30g(千切り)
- ケーパー 大さじ1
- 薄口しょうゆ 小さじ1/2
- 紹興酒 大さじ1/2

- ごま油 大さじ1
- 一味とうがらし 適量

1 皿にレタスと水菜を盛る。
2 フライパンにごま油を熱し、豚肉を炒める。火が通ったらAを入れて手早く混ぜ、汁ごと1にかけ、一味を振る。

〈こんなお酒と〉
スパークリングワイン(カヴァ)

菊菜とゆで鶏とりんごのサラダ

菊菜がなければ水菜、リーフレタスなどで。
鶏肉はとってもジューシーにやわらかく仕上がりますよ!
残った分はゆで汁に漬けて冷蔵や冷凍もできます。

〈材料〉4人分

・菊菜 1束(一口大に切る)
・鶏むね肉 1枚
(繊維に沿って3等分に切る)
・生ゆば 1枚(千切り)
・りんご 1／4個(皮のまま千切り、ノーワックスのものを)
・にんにく 1／2片(香り付け)

A
・水 1ℓ
・しょうがの皮 適量
・白ねぎの青い部分 1本分
・塩、酒 各大さじ1

B
・レモン果汁 大さじ1
・パルミジャーノ・レッジャーノ(粉)、塩、七味とうがらし 各適量
・オリーブ油 大さじ2

1 鍋に**A**を入れて火にかけ、沸騰したら鶏肉を入れてすぐに火を止め、そのまま人肌に冷ます。冷めたら手で細かく割く。

2 ボウルの内側にんにくの切り口をすりつけて香りを付け、**B**を入れてよく混ぜる。菊菜・**1**(適量)・生ゆば・りんごを加えてやさしく混ぜる。

〈こんなお酒と〉
冷酒、白ワイン(リースリングリオン)

カリフラワーと菊菜のごま和え

菊菜はゆですぎ注意! 熱湯にくぐらせる程度で充分です。
お好みでナッツを散らすと食べごたえがアップ。
ねりごまのコクのおかげで大満足の一品に。

〈材料〉4人分

・カリフラワー 1／4房
(食べやすい大きさに切る)
・菊菜 1束

A
・ねりごま 大さじ3
・薄口しょうゆ 小さじ1

・だし 大さじ3

1 カリフラワーは好みのやわらかさになるまでゆで、ざるに広げて冷ます。残ったゆで汁で菊菜をさっとゆで、冷水にさらして水気を絞り、1cmの長さに切る。

2 すり鉢に**A**を入れてすり、だしを少しずつ加えてなじんだら**1**を入れてざっくり混ぜる。

〈こんなお酒と〉
冷酒、白ワイン(キンキンに冷えたシャルドネ)、赤ワイン(マスカット・ベリーA)

モッツァレラとミニトマトのサラダ 菊菜のソース

イタリアの国旗を思わせる色鮮やかなサラダですが、使うのは、菊菜です。冬場の菊菜は葉がやわらかくてクセも少なく、生でも食べやすいのです。ソースは冷蔵庫で3日ほど持ちますので、パスタやニョッキにかけて食べてみて！

〈材料〉2人分

- モッツァレラチーズ 1個
- ミニトマト 5個（ヘタを取り、半分に切る）

A

- 菊菜 100g
- にんにく 1片
- オリーブ油 100㎖
- パルミジャーノ・レッジャーノ（粉）大さじ1
- 黒こしょう 適量

1 フードプロセッサーに**A**を入れてなめらかになるまで攪拌する。

2 器にモッツァレラチーズとミニトマトを盛り、**1**をたっぷりとかける。

〈こんなお酒と〉

冷酒、白ワイン（甲州）、スパークリングワイン（プロセッコ）

山いもと菊菜のゆずみそサンド

山いもをじっくりと焼くと、表面は香ばしく、中はほくっと仕上がります。みそだれは冷蔵庫で1週間ほど日持ちするので、多めに作って豆腐や焼き野菜に塗って楽しんでください。

〈材料〉2人分
- 山いも 約50g（2cm幅の輪切り4枚）
- 菊菜 1／4束（熱湯でサッとゆで、3cmの長さに切る）
- ゆずの皮 適量（刻む）

A
- 赤みそ 大さじ2
- 砂糖、みりん 各大さじ1

- ごま油 大さじ1

1 フライパンにごま油を熱し、山いもを置き、焦げ色が付き火が通るまでじっくりと焼く。

2 鍋に**A**を入れてよく混ぜ、なじんだら弱火にかけ、ツヤが出たら火を止める。

3 皿に山いもを置き、その上に菊菜をのせ、さらに山いもを置いて挟む。**2**を塗り、ゆずの皮をふりかける。

〈こんなお酒と〉
ぬる燗

長いものべっ甲あん

生と違い甘みがあって食べごたえもあります。長いもの甘みを引き立てる少し甘めのあんをかけていただきます。しょうがをたっぷり添えて、寒い冬を乗り切ってくださいね。

〈材料〉作りやすい分量
- 長いも 1本（皮をむき、2cm幅に輪切り）
- 昆布 はがき大1枚

A
- だし 500mℓ
- 薄口しょうゆ 大さじ1
- みりん 大さじ1

- 葛粉 適量（同量の水で溶く）
- しょうが 適量（すりおろし）

1 鍋に長いもと昆布、たっぷりの水を張って火にかけ、沸騰直前に昆布を引き上げる。沸騰したら火を弱め、好みのやわらかさになるまで煮る。

2 別の鍋に**A**を入れて火にかけ、沸騰したら葛粉でとろみを付ける。

3 器に**1**を盛り、**2**をたっぷりとかけ、おろししょうがを添える。

〈こんなお酒と〉
熱燗、白ワイン（温度高めのシャルドネ）

ゆずとマヌカハニーのマリネ リコッタチーズ和え

学生の頃、よくはちみつレモンを作りましたよね。
あれを大人の味にアレンジしてみました。
振りかける酒はお好みのものをチョイスして。

〈材料〉作りやすい分量
- ・ゆず 1個（ヘタを取り、食べやすい大きさの薄切り）
- ・リコッタチーズ 大さじ2
- ・マヌカハニー 大さじ1（ほかのはちみつでもOK）
- ・コアントロー 大さじ1

1 ボウルにゆずとマヌカハニーを入れてよく和え、リコッタチーズを加えてざっくりと混ぜる。仕上げにコアントローを振りかける。

〈こんなお酒と〉
泡盛

モッツァレラの山かけ

みその種類は問いません。熱でやわらかくなった
モッツァレラチーズとこんがり焼けた大和いもが不思議にマッチ。
昆布は出がらしのもので十分。なければ葉野菜でも。

〈材料〉2人分
- ・モッツァレラチーズ 1個
- ・大和いも 50g（皮をむいてすりおろす）
- ・昆布 はがき大1枚
- ・みそ 小さじ1／2
- ・酒 小さじ1

1 アルミホイルに昆布を敷き、酒を振りかけ、モッツァレラチーズをのせる。

2 大和いもとみそをボウルに入れてよく混ぜ、**1**にかけ、魚焼きグリルで弱火でじっくり焼く。チーズがとろりとして、大和いもがこんがりと焼けたら取り出す。半分に切って取り分ける。

〈こんなお酒と〉
焼酎お湯割り、熱燗、白ワイン（日本の山ぶどう）、赤ワイン（マスカット・ベリーA）

ゆず酢豚

お肉が硬くならないよう、
下味をつけたらすぐに揚げてくださいね。
甘くないさっぱりとした味わいです。
あつあつが身上なのでできたてをどうぞ。

〈材料〉2人分
- 豚肩ロース肉 トンテキ用 1枚(一口大に切る)
- ゆずの皮 適量(千切り)

A
- 紹興酒 大さじ1
- 塩 ひとつまみ

B
- ゆず果汁 大さじ1
- だし 50㎖
- みりん 大さじ2
- 薄口しょうゆ 小さじ1
- 片栗粉 大さじ1

- 片栗粉 小さじ1(同量の水で溶く)
- 揚げ油 適量

1 ボウルに豚肉と**A**を入れてよくもみ、すぐに片栗粉をまぶしつけ、油で揚げる。

2 鍋に**B**を入れて火にかける。**1**を入れ、片栗粉でとろみをつけ、やさしく絡める。器に盛り、ゆずの皮を飾る。

〈こんなお酒と〉
冷酒、白ワイン(リースリングリオン、ケルナー)、ロゼワイン

スペアリブのグリル きんかんのホワイトバルサミコソースがけ

肉の塩気と香ばしさ、きんかんの甘酸っぱさがお酒を進ませます! 黒こしょうをたっぷりかけてくださいね。

〈材料〉2人分

・豚スペアリブ 200g
・きんかん 10個(ヘタを取り、くし切りにして種を取る)

A
・しょうが、にんにく 各1/2片(すりおろし)
・塩 小さじ1/2

・ホワイトバルサミコ酢 大さじ3(米酢でも可)
・黒こしょう 適量
・オリーブ油 大さじ1

1 スペアリブとAをポリ袋に入れ、袋の上からもんでなじませ、10分ほど置く。

2 フライパンにオリーブ油を熱し、1をこんがりと焼き、アルミホイルに包んでしばらく置く。

3 鍋にきんかんとホワイトバルサミコ酢を入れて火にかけ、しんなりするまで弱火で煮る。

4 2を皿に盛り、アルミホイルに溜まった肉汁があればかける。3をかけ、黒こしょうを振る。

〈こんなお酒と〉
赤ワイン(カベルネ・ソーヴィニヨン)、白ワイン(シャルドネ)、ぬる燗

蒸しにんじん きんかんごしょう

蒸したにんじんの甘〜い味わいを生かすのは、ゆずごしょうならぬ、きんかんごしょう。ラップに包み冷凍保存OK。スティック野菜のディップとしても。

〈材料〉2人分

・にんじん 2本(皮をむく)

A
・きんかん 4個(半分に切り、種があれば取る)
・赤とうがらし 1/2本
・塩 小さじ1/4
・オリーブ油 大さじ2

1 にんじんは太ければ縦半分に切り、蒸し器でやわらかくなるまで蒸す。

2 フードプロセッサーにAを入れ、なめらかになるまで撹拌する。

3 皿に1を盛り、2をかける。

〈こんなお酒と〉
ぬる燗、白ワイン(ゲヴュルツトラミネール)

トマトときんかんのカルダモンマリネ

冷やしトマトにカルダモンのさわやかな香りを加えるだけで、
うっとりしてしまう、魔法のような一皿に。
トマトの酸味ときんかんの甘み苦みがうまく寄り添い、
お互いなくてはならない組み合わせに。
キンと冷やしていただきましょう。

〈材料〉2人分

- アメーラトマト 2個（ヘタを取り、4等分にくし切り）
- きんかん 2個（8等分にくし切りし、種を取る）
- カルダモンシード 1粒（さやの中から取り出した種）
- 白ワイン 大さじ1
- オリーブ油 大さじ1

1 すべての材料をボウルに入れ、やさしく混ぜ、器に盛る。

〈こんなお酒と〉
ランブルスコ、シャンパーニュ、日本のスパークリングワイン

column　酒呑み春秋。

忘れてならぬ しめもの

あれだけさんざん食べて飲んだのに。でもしめがないとなんだか欲求不満。酔っ払った五臓六腑に、「うむ」と納得してもらうには、だしの効いた汁物やさっぱりしたご飯物がいいでしょう。

ここではみんなと語り合いながらでも、ささっと作れてしまう簡単しめものをご紹介します。いつもよりちょっと濃いめのだしのご用意や、米を研いでおくことはお忘れなく。しめものは、下準備がカギを握ります。

かぶのさわやかさがありがたい

小かぶの一口うどん

〈材料〉2人分

- 小かぶ 1個（皮のまますりおろす）
- ゆでうどん 1玉
- かつお節 10g
- わさび、刻んだゆずの皮 各適量

A
- だし 300mℓ
- 薄口しょうゆ、みりん 各大さじ1

- 塩 適量

1 鍋にAを入れて火にかける。沸騰したらかつお節を加えて火を弱め、3分ほど煮て漉し、鍋に戻す。お好みで塩で味をととのえる。

2 たっぷりの熱湯にうどんを入れ、ほぐれたら器に盛り、1をたっぷりと注ぐ。小かぶをのせ、わさびを添え、ゆずの皮を飾る。

炒めず炊き込むから簡単
卵かけご飯もおすすめ!

にんにく炊き込みご飯

〈材料〉作りやすい分量

- 白米 2合
- にんにく 1株
  (包丁で上部を切る)
- ちりめんじゃこ 25g
- ごま塩、青ねぎ 各適量

A

- 水 400㎖
- 酒 大さじ1
- 昆布 10㎝角 1枚

1 ふた付きの鍋に白米と**A**を入れ、にんにくを真ん中に沈めるように置き、じゃこを入れ、炊く。

2 炊けたらにんにくを取り出し、皮から粒を取り、鍋に戻してざっくりと全体を混ぜる。器に盛り、ごま塩と青ねぎを飾る。好みで卵黄をのせ、薄口しょうゆ適量でいただく。

生のとうがらしが青々しくて
いいアクセントに

生の伏見とうがらしのパスタ

〈材料〉2人分

- スパゲッティ 100g
- 伏見とうがらし 1本(小口切り)
- にんにく 1片(薄切り)
- 酒盗 小さじ1
- レモンの皮 適量(ノーワックス)
- 赤とうがらし 1/2本(小口切り)
- オリーブ油 大さじ2

1 スパゲッティは表示通りゆでる。

2 フライパンにオリーブ油、にんにく、赤とうがらしを入れて火にかける。香りがしてきたらスパゲッティと酒盗を入れてさっと炒め、器に盛る。伏見とうがらしをかけ、レモンの皮を削って振りかける。

濃いめのだしで作るとおいしい
ここに麺類を入れても

くずし豆腐とニラたっぷりのかきたま汁

〈材料〉作りやすい分量

- 絹ごし豆腐 200g
- ニラ 1束(細かく刻む)
- 溶き卵 2個分

A
- だし 800mℓ
- 薄口しょうゆ、酒 各大さじ1

- 塩 適量
- 黒こしょう 適量

1 鍋に**A**を入れて火にかけ、豆腐を崩すように手で割りながら入れる。

2 **1**が沸騰したら卵を少しずつ注ぎ、ふんわりとしたら火を止める。ニラを加えてざっくりと混ぜ、すぐに器に盛り、黒こしょうを振る。

だしの余熱で花ニラに火を通すと
美しい色合いに

花ニラにゅうめん

〈材料〉2人分

- 素麺 2束
- 花ニラ 1束
  (3cmの長さに切る)
- 鶏ささみ肉 1本(冷蔵庫から出して常温に戻しておく)

A
- だし 500mℓ
- 薄口しょうゆ、みりん
  各大さじ 1
- 塩 適量

- 黒こしょう 適量

1 鍋に**A**と鶏肉を入れて火にかけ、鶏肉に火が通ったら取り出して手で割く。

2 素麺を表示通りゆで、水洗いしてギュッと水気を絞る。残った煮汁で温め、器に盛り、**1**をのせる。

3 残った煮汁に花ニラを入れ、火が通る直前に**2**にのせる。汁を張り、お好みで黒こしょうを振る。

まとわりつくような
こってりとしたあんに仕上げて

しょうがあんかけご飯

〈材料〉2人分

- ご飯 茶碗 2杯
- しょうが 小さじ 2(すりおろし)

A
- だし 250mℓ
- 薄口しょうゆ、みりん
  各大さじ 1

- 葛粉 適量(同量の水で溶く)

1 鍋に**A**を入れて火にかけ、沸騰したら葛粉でとろみをつけ、火を止める。

2 茶碗にご飯を盛り、**1**をかけ、しょうがを添える。

白みそのだしをキーンと冷やしておくことが
おいしさの決め手

焼きおにぎりの冷やし白みそ茶漬け

〈材料〉2人分

- ご飯 茶碗 1杯
- ちりめんじゃこ 大さじ 1
- 梅干し 1個
- しょうが、みょうが、九条ねぎ 各適量（それぞれ千切り）

A

- だし 200mℓ
- 白みそ 大さじ 1

- いりごま 適量
- ごま油 適量

1 **A**を混ぜ、白みそが溶けたら、冷蔵庫で冷やす。

2 ボウルにご飯、じゃこ、叩いた梅干しを入れてよく混ぜ、おにぎりを2個作る。フライパンにごま油熱し、こんがりと焼き、器に置く。

3 おにぎりのまわりに**1**を張り、薬味をのせ、いりごまを振る。

八丁みそ独特の酸味と
トマトの旨みとの相性が抜群です

トマトと大和いもの赤だし

〈材料〉2人分

- トマト 1個
  （湯むきして適当な大きさに切る）
- 大和いも 大さじ 2（すりおろし）
- みょうが 2個（小口切り）
- 木の芽（なければ粉山椒） 適量
- だし 300mℓ
- 八丁みそ 適量

1 鍋にだしを入れて火にかける。沸騰したらトマトを入れてすぐに火を止め、八丁みそを溶き入れ、器に盛る。

2 大和いもを添え、みょうがと木の芽をのせる（または粉山椒を振る）。

小平泰子　こひら・やすこ

料理家。1977年京都生まれ。2003年、自身の料理教室を京都・三条烏丸に開設。2013年には、東京・日本橋教室も開き、京都と東京を往復する日々。新聞・雑誌でのコラムの連載多数。JSA日本ソムリエ協会認定ソムリエでもある。著書に『京都おかず菜時記』(小社刊)がある。好みのワインは甲州。

小平泰子料理教室 京都・東京

とても小さな空間に簡素な台所、手作りの調理台だけの教室。特別な調理道具などはなく、必要最低限のもので知恵と工夫を凝らしてお料理することのおもしろさを実感できる。目盛りより五感を。そして何より基本の徹底を。レシピを見なくても気軽に作れる手順、食材の選び方、心からお料理を楽しむ知恵やコツ、食べる人への配慮に思いやり…、小平さん自身が大切にしていることを学ぶことができる。旬の食材を使った手軽に作れる料理は、和食を基本とし、特に野菜の料理はそのおいしさで評判を呼んでいる。

http://www.gokan-shokuraku.com/

料理・文・写真
小平泰子

デザイン
津村正二

編集・企画
半井裕子

協力
西麻布 日本ワインショップ 遅桜
http://osozakura.jp/

季節の野菜と果物で かんたんおつまみ

2018年5月30日　初版第1刷発行

著者　小平泰子
発行者　荒金毅
発行所　株式会社 京阪神エルマガジン社
〒550-8575
大阪市西区江戸堀1-10-8
電話06-6446-7716(編集)
電話06-6446-7718(販売)
印刷所　シナノ印刷株式会社

ISBN 978-4-87435-571-8
C0077

定価はカバーに表記してあります。
落丁・乱丁の場合は弊社負担にてお取り替えいたします。